新质课程文化丛书

林启达　王琦　杨四耕　丛书主编

大规模因材施教的课程模式

林俊红　主编

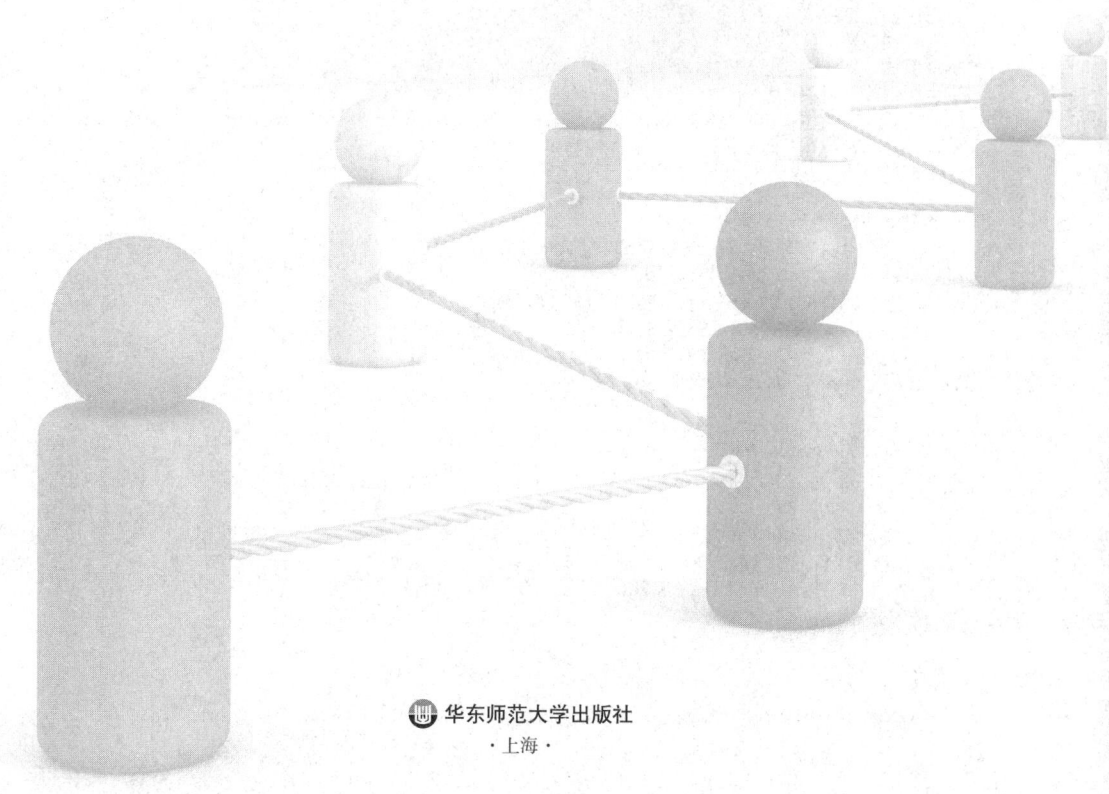

华东师范大学出版社
·上海·

图书在版编目(CIP)数据

大规模因材施教的课程模式/林俊红主编.—上海:
华东师范大学出版社,2024.—(新质课程文化丛书).
ISBN 978-7-5760-5426-2
Ⅰ.G632.421
中国国家版本馆 CIP 数据核字第 2025AT4565 号

新质课程文化丛书
大规模因材施教的课程模式

丛书主编　林启达　王　琦　杨四耕
主　　编　林俊红
责任编辑　刘　佳
项目编辑　林青荻
特约审读　韩　蓉
责任校对　廖钰娴　时东明
装帧设计　卢晓红

出版发行　华东师范大学出版社
社　　址　上海市中山北路3663号 邮编 200062
网　　址　www.ecnupress.com.cn
电　　话　021-60821666　行政传真 021-62572105
客服电话　021-62865537　门市(邮购)电话 021-62869887
地　　址　上海市中山北路3663号华东师范大学校内先锋路口
网　　店　http://hdsdcbs.tmall.com

印 刷 者　上海锦佳印刷有限公司
开　　本　787毫米×1092毫米　1/16
印　　张　14.25
字　　数　131千字
版　　次　2025年3月第1版
印　　次　2025年3月第1次
书　　号　ISBN 978-7-5760-5426-2
定　　价　48.00元

出 版 人　王　焰

(如发现本版图书有印订质量问题,请寄回本社客服中心调换或电话 021-62865537 联系)

编委会

主 编

林俊红

副主编

庄汉华

成 员

肖国华	张鸿斌	宣倩怡	朱舒莉	彭建锋
谢焕旺	林幼妹	唐新淯	黄嘉莹	何锦盈
张 彤	徐美玉	时 毛	房伟桓	尹心云
黄 磊	林钰琳	叶采妮	白溟琨	刘 伟
张芷昕	李梅芳	李丹瑶	赵 阳	吴舒雨
林 彬	潘旭峰	杜晨霞	邓 丽	吴思敏
周繁荣	高紫譞	彭骏杰	张 楚	张雨双
牛永鑫	周子威	韦志鹏	王启辉	杨磊磊

丛书总序

走向新质课程文化

众所周知,课程与文化有着天然的联系,对学校发展而言,凡是课程变革一定是文化变革,没有文化内核的课程变革很难取得成功;文化变革需要课程建设支撑,没有课程支撑的文化变革是难以想象的。学校教育的内在目的的实现是以具有内在品质的课程文化为前提的,不赋予课程内在的文化品质,高质量的教育便很难实现。如果我们的课程是外在性的、他律性的,那么学校教育的内在目的就很难真正实现。可以说,富有丰富的、内在的文化气韵是新质课程文化的显著特征。实现由工具性课程文化向内在性课程文化转化,是当代学校课程变革的文化走向。建构新质课程文化,实现教育的内在旨趣,是时代赋予学校课程变革的使命。

怀特海在《过程与实在》一书中指出:现实存在就是合生,每一个现实存在都不是只有一种元素的简单的存在,不是原子论意义上的存在,而是由诸多要素构成的合生体系。在学校课程变革过程中,课程与文化互为现实存在和潜在实在,二者"合生"即生成课程文化。推进学校课程文化变革,可以从怀特海的"合生"哲学中获得启迪。我们认为,课程与文化的合生设计,是建构新质课程文化的重要方法,在具体操作上有两条路径可供选择。

一、自上而下的演绎路径:从文化概念到课程设计

自上而下的演绎路径,从文化概念的顶层设计入手建构学校课程体系,实现从教育价值取向到课程愿景设计、从课程目标厘定到课程内容体系设计、从课程实施路径激活到课程评价推进、从课程育人体系梳理到课程支撑体系建构的全流程合生设计。

第一,提出学校教育哲学,生成学校课程理念。最关键的一点是提出文化核心概

念,即提出学校教育哲学核心概念,从文化核心概念设计出发进而确定学校教育价值观和内涵发展方法论,演绎形成学校办学理念,推理生成学校课程理念。学校教育哲学是学校共同体的教育信条,它渗透于学校教育全过程,贯穿在学校课程所有要素之中,体现于师生日常生活和学校空间环境之中。学校教育哲学包含学校使命观、价值观和愿景观,内蕴办学理念,下延课程理念。换言之,学校教育哲学、办学理念和课程理念之间的关系是由内而外的逻辑推理关系,具有逻辑一致性。

第二,确定学校培养目标,细化学校课程目标。根据教育方针关于教育目的的总体规定性要求,演绎确定学校培养目标,并根据课程方案的要求进一步细化成学校课程目标。在这里,教育目的、培养目标和课程目标是从抽象到具象的过程,是总体规定性和具体表现性之间的关系。课程目标对课程编制具有重要的导向作用,细化学校课程目标需要统筹学生的发展需要、知识的发展状况和社会的发展要求等综合影响。

第三,建构学校课程结构,设计学校课程内容。横向上,把握学校课程的内容结构。我们认为,最具育人价值的课程内容结构,包含课程内容的实质结构和形式结构。实质结构是对课程的质的规定性,反映着课程的内在价值取向,是对课程功能类别的深层理解;形式结构是按照一定标准对课程进行形式分类,并把握各类之间的关系,形成学校课程的形式结构。一般而言,课程的实质结构决定形式结构。纵向上,要把握学校课程的时间节律,科学设计学校课程的年级和学期布局,形成可供每一个年级推进的教学指南以及每一个学期落实的学程设计。如此,学校课程有几条跑道,以及每一条跑道如何设计都是明确的。

第四,激活学校课程实施,推动学习方式变革。激活课程育人方式,需要聚焦高质量发展要求,把握学校课程实施的多维路径。一般来说,学校课程实施途径主要有课堂教学、学科拓展、社团活动、项目学习、校园节日、研学旅行、家校共育、环境创设等。实现从文化概念到课程实施的合生设计,需要进一步明确每一条实施路径的内涵、做法以及相应要求,且每一条途径都应该有学校教育哲学的渗透,应该体现学校教育哲学的价值影响。

第五,创新学校课程评价,落实学校课程管理。课程评价和管理是保障课程变革顺利进行的重要条件。从新质课程文化的合生设计角度看,评价和管理既是学校课程实施的背景和场域,也是学校课程实施的手段和构成。课程评价和管理以及课程目标、课程框架、课程实施共同构成学校课程文化优化升级的内在逻辑,其逻辑起点就是立足学校教育哲学和课程理念,通过合生设计全面掌握学校课程实施情况;通过创新学校课程评价,全维度考查学校课程品质,系统描述学校课程的存在状况与实际成效;通过落实学校课程管理,提升学校内涵发展水平。

上述新质课程文化的获得是从文化概念建构开始的。从文化概念到课程设计的"合生",有利于提升学校课程的文化内涵,丰富学校课程的文化气韵。

二、自下而上的归纳路径:从课程实践到文化逻辑

从特定场景中的课程实践出发建构学校课程的文化逻辑,是学校课程文化变革的另一条路径。在分析特定课程实践情境的基础上,提炼学校课程哲学,厘定学校课程目标,梳理学校课程框架,激活学校课程实施,巧用学校课程评价,这是自下而上的归纳道路,也是从特定课程实践入手到文化逻辑建构的"合生"道路。在这个过程中,要注意处理好传承与发展、共性与个性、整体与部分、科学与人文、认识与实践、理想与现实等多重关系。

一是学校课程情境分析要处理好传承与发展的关系。学校课程总是处于一定的情境脉络之中,是特定语境的产物。学校课程情境分析要注意把握学校课程发展的不同阶段客体和主体运动变化情况,深刻理解特定时间段的宏观、中观和微观情境,处理好传承与发展的关系,使学校课程情境的要素、联结和效应等获得系统分析和合理说明。传承与发展是相互转化的,是时间流的"合生"过程,传承的要素中往往内含着未来发展的空间,发展的要素中往往会有未来传承的可能。把握学校课程发展在连续性与非连续性之间的叠加效应,有利于推进学校课程文化变革。

二是学校课程哲学提炼要处理好共性与个性的关系。学校课程哲学属于专业的教育哲学范畴,须以制定纲领或提炼信条的方式从哲学角度确认,形成同教育有关的概念和系列观点,具有较强的专业性。在美国教育哲学家索尔蒂斯看来,专业的教育哲学包含个人的教育哲学和公众的教育哲学这两个方面。其中,个人的教育哲学指导个人的教育实践活动,具有独特性;公众的教育哲学面向公众群体,具有公众政策意

蕴,解释公众意识形态,指导许多人的教育实践活动,具有公众性。每一所学校都应该有独特的、体现时代精神的课程哲学,这一课程哲学既要具有学校的个性特征,又要体现时代的价值追求,要处理好共性与个性的关系。我们认为,新时代学校课程哲学的提炼,要基于对时代精神的整体把握和对教育改革形势的总体判断,围绕着培养什么人、怎样培养人、为谁培养人这一根本性问题,形成符合学校特定课程情境的发展理念,正确处理社会本位论和个人本位论的关系,透过共性与个性这一"合生"过程,用"自己的句子"回应时代命题。

三是学校课程目标厘定要处理好整体与部分的关系。育人目标是学校教育活动的出发点,也是学校课程的最终价值。整体与局部关系的处理,核心在于回答"培养什么人"及其具体化的问题。一般来说,育人目标是把学生培养成什么样的人的整体要求和校本表达,课程目标是育人目标的年段要求和具体表现。育人目标反映了学校落实教育方针的特殊要求,是核心素养的校本表达;课程目标体现了学校培养学生的年段要求,是核心素养的具体细化。培养德智体美劳全面发展的社会主义建设者和接班人,这是我国各级各类学校培养目标的整体要求。结合具体情况,学校的育人目标要反映出学校的个性化要求以及全面发展的涌现性特征。我国各级各类学校培养目标作为一种整体要求,反映国家的育人规格和统一要求;学校的育人目标是学校的个性化要求,反映国家育人规格的整体要求和全面本质,二者具有鲜明的"合生"属性。同理,学校育人目标和在此基础上细化形成的学校课程目标,二者亦具有鲜明的"合生"属性。

四是学校课程内容设计要处理好科学与人文的关系。科学与人文的关系是课程内部的重要关系之一,是推动学校课程发展的矛盾焦点。当今时代,科学主义课程广泛影响了世界基础教育课程改革。2023年,教育部办公厅印发的《基础教育课程教学改革深化行动方案》就增列"科学素养提升行动",要求深化中小学科学教育改革,强化做中学、用中学、创中学,激发青少年的好奇心、想象力、探求欲,提升学生解决实际问题的能力,发展学生的科学素养。提升科学素养,强化科学探究,是时代赋予基础教育课程改革的使命。不过,我们在强调提升科学素养的同时,要清晰地知道:科学素养与人文修养辩证统一,科学精神与人文精神合理融通。科学要与人文有机统一,科学彰显人文特征,人文内蕴科学理性,科学与人文都是人类改造世界不可或缺的语言。因此,倡导科学精神和人文精神相结合的科学课程观,设计科学与人文整合的课程体系,以科学课程为载体,实现科学和人文的"合生"与"融通",是学校课程文化变革的重要追求。当下这一时代的科学教育理应回到充满生机活力的生活世界,理应从科学世界观、科学方法论、科学价值观等方面,帮助学生了解各领域的专家学者在过去、现在和未来是怎样看待人生、怎样认识世界、怎样理解人类社会的,进而增进学生的科学理性和人文精神,促进学生全面发展。

五是学校课程实施激活要处理好认识与实践的关系。学校课程实施的重要目标是促进学习者理解符号知识和经验知识,建立内部世界与外部世界的联系,这无可厚非。但是,实践是人的全面发展的基石,认识与实践是双向建构、合生共处。义务教育课程方案和课程标准(2022年版)为此特别强调变革育人方式,发挥实践的独特育人功能。作为课程育人活动,学校课程实施不能把学生限定在书本世界,不能无视儿童与客观世界的联系。激活学校课程实施必须处理好认识与实践的关系,寻找认识与实践的"合生处"与"交融点",在实践中提升认识,在实践中增长才干。要确认实践性是学习的基本属性,提升课程育人的实践品质,彰显学习的实践属性,这是激活学校课程实施的关键所在。要丰富学习实践样态,强化真实性实践,关注社会性实践,提升实践的思维含量,激活实践体验过程,提高学生的实践理解力;要激活反思理解过程,学会处理人与自然、人与社会、人与自我的关系,提升学生的生命觉醒力,处理好认识与实践的关系,这是激活学校课程实施的基本立场。

六是学校课程评价创意要处理好理想与现实的关系。理想源于现实,是思想先导,是现实的桃源;现实立足理想,是客观存在,是理想的源泉。理想与现实之间,是你中有我、我中有你的"合生"关系。中共中央、国务院印发的《深化新时代教育评价改革总体方案》指出:"坚持科学有效,改进结果评价,强化过程评价,探索增值评价,健全综合评价","坚持统筹兼顾,针对不同主体和不同学段、不同类型教育特点,分类设计、稳步推进,增强改革的系统性、整体性、协同性。坚持中国特色,扎根中国、融通中外,立足时代、面向未来"。为此,学校课程评价应坚持全面性与专业性、科学性与客观性、稳定性与发展性,既追求理想,注重课程评价的价值引导,按照理想要求做好顶层设计,使学校课程评价具有"通天线"之智慧;同时又立足现实,秉持科学客观之精神,尊重客观现实,总结成败得失,使学校课程评价具有"接地气"之魅力。换言之,学校课程评价要在理想与现实之间找到平衡点,架设理想的课程和现实的课程之间的桥梁,为促进学生全面发展、教师专业成长和课程体系完善发挥导向作用。

深圳市坪山区立足教育规律和学生成长规律,以培养学生必备品格、关键能力和正确价值观为指向,构建了"引领性课程、普及性课程、个性化课程"三维一体的"品质课程"体系,旨以课程改革驱动内涵建设,以教学变革促进课堂转型,以学习方式转变优化育人模式。坪山区"品质课程"系列实践表明,学校课程文化变革可以是演绎式,也可以是归纳式。演绎式可理解为"概念先行—实践验证"方式,归纳式可理解为"实践探索—归纳提炼"方式。课程是具有情境性和价值负载的文本,建构新质课程文化宜采取理论、研究与实践互动的方式。这种方式不完全依赖于概念或理论,也不脱离学校实际情境。在学校课程实践中,以学校课程情境为基础,以课程实践问题为切入点,以理论为指导,以概念为圆心,边研究边行动,在实践中总结提炼,又在实践中加以验证与改造,在理论与实践的互动互补、碰撞对话中生成学校独有的课程文化框架。

当然,新质课程文化的合生设计,不论选择哪一条路径,都必须为课程文化变革提供充分理由或理论依据,增强学校课程文化变革的认同感。在某种意义上,这也是一种文化自觉。

林启达　王　琦　杨四耕
2024 年 6 月 6 日

目录

前言 　　　　　　　　　　　　　　　　　　　　　　　　1

第一章　大规模因材施教的课程理念　　　　　　　　　1

大规模因材施教是面向每一个学生的因材施教，是充分尊重每一个学生的身心差异、文化差异和环境差异等，为学生量身打造的"合适的教育"，是激发学生的学习内驱力，促进每一个个体全面发展、成就人生价值的因材施教。确立大规模因材施教的课程理念应该从分析时代背景、厘定教育哲学、把握办学理念和演绎课程理念四个方面着眼。

课程智慧　中华礼仪　　　　　　　　　　　　　　　　5
课程智慧　妙语播音主持　　　　　　　　　　　　　　10
课程智慧　心灵奇旅社　　　　　　　　　　　　　　　18
课程智慧　非遗皮影社　　　　　　　　　　　　　　　33

第二章　大规模因材施教的课程目标　　　　　　　　　45

大规模因材施教的课程目标规定了学生在品德、智力、体质、美育和劳动等多个方面的发展要求。实现这些目标，需要综合考虑教育目的、培养目标、学生特点、社会需求、学科发展等方面的要素，并根据实际情况不断进行评估和调整。

课程智慧	新合小乒乓	51
课程智慧	剪纸工坊	57
课程智慧	花样跳绳	64
课程智慧	创想材料画	70

第三章　大规模因材施教的课程框架　　79

课程框架的建构需要把握学习者多维度学习需求之间的关系,特别要把握国家课程的刚性需求、团体兴趣的普遍需求和个体特定的学习需求之间的关系。确立大规模因材施教的课程框架要基于对学校课程实质结构的深刻理解,把握学校课程的横向分类与纵向布局。

| 课程智慧 | 从影视剧中赏析诗词 | 82 |
| 课程智慧 | 趣味科创 | 89 |

第四章　大规模因材施教的课程实施　　101

大规模因材施教的课程实施核心是重构学习,是教师和学生在教与学的过程中创造出来的,是展现生命存在的多样可能性,适应每一位学生发展的课程;大规模因材施教课程实施是重构学习的认知性实践、交往性实践以及伦理性实践三位一体的对话性活动。

课程智慧	星彩管乐团	105
课程智慧	经典诗词诵读	114
课程智慧	创意水墨	121

课程智慧　Chinese Traditional Culture(中国传统文化)　　　131

第五章　大规模因材施教的课程评价　　　141

大规模因材施教的课程评价具有发展性、增值性、个性化的特点。发展性主要体现在评价主体的多元化,评价过程动态性和连续性;增值性体现在针对学生特点,采用不同的评价方法和工具,并着眼于学生自我评价的发展;个性化体现在评价方面多元化和评价角度多维化。大规模因材施教的课程评价立足于学生个体差异,促进学生个体发展,发挥学生发展潜能,实现教育公平。

课程智慧　中华武术　　　146
课程智慧　小小书法家　　　152
课程智慧　魅力毽球　　　158
课程智慧　泥塑艺术　　　167

第六章　大规模因材施教的课程治理　　　181

课程治理是大规模因材施教的重要实践,是多主体参与课程优化发展,提高教育公平和质量的关键举措。换言之,课程治理是在课程设计上建立多元化的课程结构,整合资源利用,实施协同性管理,培养学生综合素养和创新能力的教育策略。课程治理需要学校内外协同合作,打造和谐文化环境,共同营造个性化教育支持体系。

课程智慧　麒麟舞者　　　185

课程智慧	说唱演英语绘本	192
课程智慧	超羽联盟	198
课程智慧	"智趣"数学	203

后记　　　　　　　　　　　　　　　　211

前 言

"培养什么人、怎样培养人、为谁培养人"是教育者追问的永恒主题。党中央、国务院高度重视提升义务教育质量工作,2019年印发的《关于深化教育教学改革全面提高义务教育质量的意见》,明确要求"树立科学的教育质量观,深化改革,构建德智体美劳全面培养的教育体系,健全立德树人落实机制",对新时代义务教育质量的基本要求作出了具体阐述。教育部的《关于深化基础教育课程改革进一步推进素质教育的意见》亦提出,"进一步完善基础教育课程体系,全面落实基础教育课程方案,大力推进教学改革"。

教育的核心力量是学校,学校的核心力量是课程。学校课程建设是贯彻国家关于推进课程改革的重要举措,亦是落实立德树人根本任务,发展学生核心素养和实现学校育人目标的关键途径。因而,继续深化学校课程改革,聚焦学科核心素养,完善课程谱系,铺设个性化人才培养通道,是新合实验学校推进学校发展、回应时代的关键举措。

深圳市坪山区新合实验学校秉承"星彩教育"的核心理念,践行"让每一颗星星都绽放光彩"的育人理念,孕育了"心中有光彩,人生有华章"的校训,"人人闪亮,互相照亮"的校风、"点亮每一个生命"的教风、"每天进步一点点"的学风和"点亮、辉映、添彩"的学校精神,培养了"阳光自信、乐于合作、敢于创新的星彩少年",让学生日新日进,适应未来。根据学校的办学理念和育人目标,学校自开办以来,一直探索和践行大规模因材施教的课程模式。"星彩"课程作为一种新型课程模式,正是大规模因材施教理念的具体体现和生动实践。

"星彩"课程体系架构分为五大体系,具体如下。

星基课程——人文基础、数理基础和科学素养。星基课程指向国家基础课程,关注学生基本素养,包括人文基础课程群、数理科技课程群等,旨在做好国家基础课程,夯实知识文化基础,在坚实的基础上绽放光彩。

星德课程——身心健康、劳动技能和道德行动。星德课程重视社会参与,营造多彩生活。自我成就、自我闪亮，也要通过社会体验、体育、劳动实践等课程设置开发，以体育德、以劳育德，培养学生的社会情感，处理好与社会、与世界、与自然的关系。课程内容包括身心健康课程群、劳动实践课程群和道德行动课程群等。

星创课程——科创思维、勇于探究和创新实践。星创课程关注培养创新思维和创新能力，通过课程设计让学生体会到爱与自由的氛围，激发创新活力，进而开发创新思维，通过动手实践培养创造能力。课程内容包括创新思维课程群和创新实践课程群等。

星美课程——审美志趣、生活追求和知美行美。星美课程重视引导学生追求美好事物的关键素养。通过星美课程的开发及实施，提升学生的审美力，激励追求高标准、高境界、丰富多彩的发展境界。课程内容包括艺术欣赏课程群和艺术创造课程群等。

星耀课程——家国情怀、国际视野和责任担当。星耀课程注重涵养学生的家国情怀、拓宽学生的国际视野、历练责任担当。通过星耀课程的开发与实施，从不同的层面和维度致力于培养学生传承民族精神、弘扬民族文化的意识，具有"世界公民"的视野与胸怀，拥有感恩责任使命担当的人格，融入世界，拥抱未来，课程内容包括传统文化课程群和领导力培养课程群等。

星耀课程共有65门，学生可根据个人的兴趣爱好与特长进行自主选择。这些课程不仅丰富多样，而且注重实践性和创新性，能够为学生提供更广阔的学习空间和更深入的学习体验。

"星彩"课程是生命与生命交往互动的过程，是一种以体验、表现、合作的学习方式来引发学生思想碰撞，激发学生思维发展，促进师生共同提升和完善生命的一种课堂形态。"星彩"课程以学生的综合能力发展为目的，根据学生的个性特点和学科的内容体系开展教学。"星彩"课程不仅要成就学生的全面发展，也要创造教师的幸福人生。尊重学生人格，关注学生个性，激发学生的生命力和创造力，提升师生的幸福指数，最终实现师生的共同发展。

希望这本书能够为教育工作者提供有益的参考和启示，推动大规模因材施教理念在教育实践中的深入应用和发展。我们期待有更多的学校和教师能够加入到大规模因材施教的实践中来，共同探索更加科学、高效的人才培养模式。

第一章
大规模因材施教的课程理念

　　大规模因材施教是面向每一个学生的因材施教，是充分尊重每一个学生的身心差异、文化差异和环境差异等，为学生量身打造的"合适的教育"，是激发学生的学习内驱力，促进每一个个体全面发展、成就人生价值的因材施教。确立大规模因材施教的课程理念应该从分析时代背景、厘定教育哲学、把握办学理念和演绎课程理念四个方面着眼。

理念是行动的指南。理念正确,方向才会正确;理念正确,行动才会有价值。课程理念既是课程设计的指导思想,也是课程实践的指路明灯。可以说,课程理念是课程的灵魂,它反映了时代对课程的需求与期待。

什么是大规模因材施教?大规模因材施教是面向每一个学生的因材施教,是充分尊重每一个学生的身心差异、文化差异和环境差异等,为学生量身打造的"合适的教育",是激发学生的学习内驱力,促进每一个个体全面发展、成就人生价值的因材施教。[①] 大规模因材施教追求的终极目标是"人人皆可成才,人人尽展其才"的境界。

为什么要确立大规模因材施教的课程理念?《义务教育课程方案(2022年版)》提出素养导向的课程价值追求,其中最根本的一点是,我们要真正为了每一个学生的发展,尊重每一个学生的个性,尊重学生的思想,这便是因材施教的理念。目前,"规模化教育"与"个性化培养"之间的矛盾仍旧突出。个别化的教学方式,容易满足因材施教的现实需求;现行的班级授课制的教学组织形式,则难以把握每一个学生的身心特点以及学生之间的差异性,难以确保不同的学生皆能享受个性化教育。因此,确立大规模因材施教的课程理念,助力因材施教的全面落地,是教育改革与发展的使命。

如何确立大规模因材施教的课程理念呢?我们认为,应该从以下四个方面着手。

第一,分析时代背景。当前,科技迅猛发展,人文精神是教育的灵魂,立德树人成为课程改革的根本任务,因此努力让每一个孩子都享有公平而有质量的教育,已成为基础教育高质量发展的必然要求和显著标志。确立大规模因材施教的课程理念,做到应教尽教,强化学校教育的主阵地作用,有利于全面提高义务教育质量,促进基础教育高质量发展,顺应时代发展要求。

第二,厘定教育哲学。有学者认为,学校教育哲学指学校所信奉的教育理念,它渗透在学校教育教学过程之中,体现于学生日常生活和学校环境之中。学校教育哲学的形成是成功学校的重要标志。[②] 我校的教育哲学是"星彩教育"。每一位教师和学生身上都散发着独特的光芒,"星彩"比喻个体之间相互关怀、相互成就的理想生态景象。

[①] 杨现民,张瑶. 教育规模化与个性化矛盾何以破解?——数据驱动规模化因材施教的逻辑框架与实践路径[J]. 中国远程教育,2022(8):42—52,79.

[②] 陈剑华. 如何形成一所学校的教育哲学[J]. 内蒙古师范大学学报(哲学社会科学版),2002,31(6):8—14.

"星彩教育"是在尊重人的学习与发展规律的基础上,秉持以人为本、自主赋能的教育理念,依据学校的特点,采用儿童化的生动表达,让理念通过儿童化的语言和生动化的形象植入老师、学生、家长乃至社会群体内心深处,形成以学校为中心的合作场域,使新合实验学校始终保持着蓬勃向上的新朝气和持续发展的生命力。尊重每一个孩子的主体地位,发现每一个孩子的闪光点,适性扬长,放大孩子的亮点,培养未来新星。"星彩教育"是我校的教育价值观和内涵发展方法论。确立大规模因材施教的课程理念,可以更好地回应学校教育哲学。

第三,把握办学理念。办学理念与课程理念之间有着密切的关系,办学理念是学校教育的核心思想,是学校办学目标、价值观和行为准则的集中体现。它决定了学校的教育方向和特色,是学校发展的灵魂。课程理念则是学校实施教育的重要手段,是办学理念的载体和体现。在我们看来,学校是让生命发光的地方,学校必须为每一个学生赋能,创造充满生命力的场域,让每一个孩子都拥有绽放光彩的机会。新合实验学校秉承"星彩教育"的核心理念,践行"让每一颗星星都绽放光彩"的育人理念,孕育了"心中有光彩,人生有华章"的校训和"点亮、辉映、添彩"的学校精神,引导、协助、激励每一个生命寻找并拥有自己的成长路径,打造学习成长共同体,不断引进与转化学习资源,搭建家校互动平台,为孩子寻找发展最大值,让每一个学生都能实现个性化成长,找到自己的兴趣,勇敢探求自己的梦想,在属于自己的"星空"中不断探索,追逐理想。教师是生命的点亮者。教师应该帮助孩子发现自己身上的每一个亮点,找到自己的特长、兴趣与发展方向,实现积极健康成长,成为绽放光彩人生的重要引导者与赋能者。教师要坚持尊重、赏识、发现、成就的爱人之心和成人之美,成就自我,成就学生,成就学校。学生是独特的发光体。未来充满着多变性和不确定性,而每一个孩子都拥有充满无限可能的未来。"星彩教育"培养孩子最重要的能力就是能够适应多变的未来社会,从容自信,创造出属于自己的未来,换句话说,即能够拥有从容自信地与未来对话的能力。因此,要求每一个学生都要拥有能够绽放光彩的基础,为未来绽放光彩的人生奠基。确立大规模因材施教的课程理念与办学理念相一致,保证学校教育的整体性和连贯性,实现办学目标。

第四,演绎课程理念。学校构建多元文化活动体系,为学生提供更多的个性化选择,充分挖掘学生的特长亮点和发展潜力,让每一个孩子都能够发现自己,自信从容地展现自己,绽放属于自己的光彩。学生能够自信从容地迎接和适应未来社会,创造属于自己的独特光彩。确立大规模因材施教的课程理念,采取有效的措施实现个性化教育,为学生提供更好的教育资源和机会,助力星彩少年成长。

基于上述分析,将大规模的因材施教定为我校的课程理念。因材施教就是因人而异进行教育和教学,而且教育和教学必须针对学生的个性特点和已有基础,从实际情况出发,有的放矢,采取不同的途径、措施和方法,促使学生获得最佳发展。[①] 因材施教可以为不同性格禀赋的学生提供更加适宜的教育,大规模则是每一个学生都有个性化的学习方案,个性化的学习方案也是教师个性化的指导方案。它是集体性指导与个性化指导相结合的一个完整体系。

总之,基于大规模因材施教的课程理念,学校课程在班级授课制的教学组织形式下探索出了因材施教的规律、特点和相应的策略方法,有效促进了我校教育的高质量发展,对于实现教育公平和提高教育质量都具有深远而全新的意义。

(撰稿者:深圳市坪山区新合实验学校　朱舒莉　肖国华)

[①] 梁秋英,孙刚成.孔子因材施教的理论基础及启示[J].教育研究,2009,358(11):87—91.

课程智慧 I 中华礼仪

课程名称：中华礼仪

适用年级：小学二至三年级

一 背景与理念

中国具有五千年文明史，素有"礼仪之邦"之称。通过学习中华礼仪，不仅有助于学生掌握校园、家庭和社会的基本礼仪知识，还有助于切实加强小学生文明礼仪养成教育，使学生树立正确的道德观念，继承和弘扬中华优秀传统文化。

中华礼仪课程围绕个人文明修养，以"知中华礼仪之历史——行中华礼仪之文化——展中华礼仪之风采"为脉络。通过文明礼仪教育和训练，学生能够掌握基本的文明礼仪，按照文明礼仪的原则行事，达到外正其形、内化其心的良好效果，引导学生成为一个文明守礼的好少年。

二 价值和目标

礼仪是文明民族的重要标志。中华礼仪课程以礼仪修身、家道家礼、尊师重学、处事修养的有机统一为框架，细致地讲述了各类礼仪的表现形式，旨在引导、鼓励、帮助学生了解中华礼仪。

（1）通过学习中华礼仪，明确明礼修身的重要性，引导学生知晓中华千年之文明，自觉做到文明有礼；

（2）将中华传统礼仪与现代文明礼仪相结合，引导学生在历史文化的基础上不断创新形式，切实加强小学生文明礼仪养成教育；

（3）将中华传统经典融于中华礼仪之中，通过形体训练，更好地展示中华礼仪风采，让学生在获取知识的同时传承并弘扬中华传统文化。

三 框架和内容

(一) 教学框架

中华礼仪课程共分为知中华礼仪之历史、行中华礼仪之文化、展中华礼仪之风采三个部分(见图1-1)。

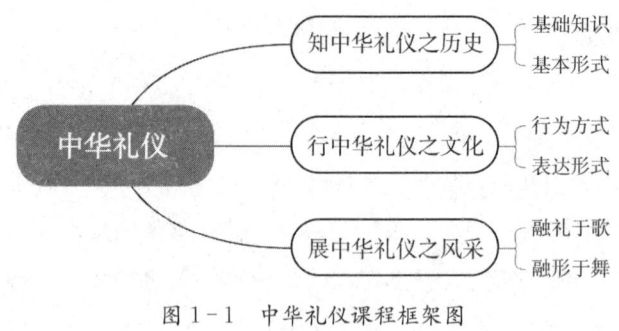

图1-1 中华礼仪课程框架图

(二) 教学内容

中华礼仪课程内容主要包含中华礼仪历史知识、中华礼仪表现形式及中华礼仪形式展演,共计16课时。

1. 知中华礼仪之历史

本内容共2课时,主要内容在于引导学生了解中华礼仪的内涵和历史,理解礼仪在中华文明中的重要地位,领会中华礼仪对于成长的重要意义,培育自觉学习文明礼仪并亲身践行的良好习惯,提升学习中华礼仪的兴趣。

2. 行中华礼仪之文化

礼仪的表现蕴含多种形式,本模块是中华礼仪课程的重要部分,共8课时,以个人—家庭—社会—国家为脉络,指导学生分课时学习个人修身礼仪:衣冠礼仪、坐立礼仪、行走礼仪;家道家礼:孝亲敬长礼仪、手足礼仪、邻里礼仪、饮食礼仪;尊师重学:师学礼仪、同窗礼仪、敬学礼仪;处世修养:言行礼仪、社交往来礼仪,引导学生逐渐了解中华礼仪的行为规范,不断严格约束自身。

3. 展中华礼仪之风采

展中华礼仪之风采,共6课时,本模块既是对"知"与"行"的总结升华,也是辅助学生提升礼仪修养的重要手段。重在通过形体训练提升学生体态,通过中华传统经典著作《三字经》和《论语》等陶冶情操,引导学生结合所学所感,在理解中华礼仪的基础上运用发散思维进行中华礼仪节目编排,提高学生的鉴赏能力、想象力与审美能力,达到宣传中华传统文化的目的。

四 策略和方法

(一) 角色扮演齐上阵,情境教学引深思

"中华礼仪"课程共分为三大板块,每个板块结合学情设计了相应课程,每个课程又针对现存问题提出了方法,期待每个学生都能成为中华礼仪的宣传小使者。

在"知中华礼仪之历史"板块,采用观察法,教师重在观察孩子在日常学习与生活中表现出来的状态,并将学生存在的问题记录下来,为进一步学习中华礼仪行为规范奠定坚实基础,同时使学生初步了解中华礼仪知识,体会学习中华礼仪的重要性,提升学习中华礼仪的兴趣。

在"行中华礼仪之文化"板块,结合经验总结法、角色扮演法与创设情境法,分析学生存在的共性问题和个性问题,以便在实际教学中对学生进行侧重性的指导,比如:部分学生缺乏文明礼仪教育,因此在文明礼仪教育板块引入情境式教学,使学生深刻感受到文明与不文明行为的区别,探索并总结出培养学生良好行为的方法与途径。

在"展中华礼仪之风采"板块,结合演示法与小组合作法,教师借助瑜伽砖,纠正学生不正确的体态,从而训练学生的形体。同时通过小组合作,指导学生展演不同主题的中华礼仪节目,使学生在提升学习兴趣的同时进一步深化对中华礼仪的理解。

(二) 线上线下齐汇聚,形式多样促成长

中华礼仪课程准备期间,充分挖掘整合线上的优质资源,形成课程体系资源包,定期发送至家长群,指导家长进行有效监督。及时在线下征集学生课堂满意度,以便依据实际情况调整课程形式和内容。在实际教学过程中,充分发挥家庭作为礼仪教育第一课堂的作用,通过监督引导、及时反馈等方式,巩固中华礼仪知识;充分发挥学校作

为礼仪教育主阵地的作用,在日常的学习与生活中,结合教师评价、同学互评等及时做好过程性评价;充分发挥德育活动的示范引领作用,积极组织学生参加各类活动,在活动中提升素养,切实加强文明礼仪教育。线上与线下的结合既是对课程资源的整合,更是家校互通有无的重要渠道。

(三) 回顾传统学历史,创新思维展形式

在教授中华礼仪的同时,解析中华传统经典著作,实现融中华传统经典著作于中华礼仪之中。同时,结合舞蹈、朗诵等多种形式,引导学生在了解中华经典的基础上,发散思维,主动思考,积极创编不同主题的中华礼仪节目,开展一场沉浸式的中华礼仪展演活动,引导学生在传承的基础上不断创新,在学习中华礼仪的过程中逐步做到言行一致,更好地继承和弘扬中华优秀传统文化。

五 评价和成效

中华礼仪课程采用教师评价、学生评价及家长评价等方式,将过程性评价与综合性评价相结合,促进学生主动学习、自我反思,在潜移默化中不断提升礼仪水平,全面考查学生的学习质量和课堂效果。

(一) 评价方式

1. 过程性评价

教师在中华礼仪课程中,根据中华礼仪课程评价量化标准,注重学生在每个阶段需要掌握的要素,有针对性地展开教学和评价,以做到及时有效地查漏补缺(见表1-1)。

表1-1 中华礼仪课程过程性评价表

项目	要素	秀才	探花	榜眼	状元
知中华礼仪之历史	能够了解中华文明礼仪的内涵和历史,明确学习中华礼仪的重要性。	部分理解中华礼仪的内涵和历史。	基本能够理解中华礼仪的知识概况,并能进行初步表达。	已了解中华礼仪的历史,且能够在同伴的帮助下明确礼仪知识概况。	不仅能够表达中华礼仪的历史,还能阐述中华礼仪的重要性。

(续表)

项目	要素	秀才	探花	榜眼	状元
行中华礼仪之文化	能够借助中华礼仪知识，表现中华礼仪形式，并能分门别类地进行讲解。	在一些方面完成中华礼仪形式的展现。	基本能够借助中华礼仪知识完成中华礼仪形式的展现，大致了解每种礼仪之间的区别。	可以借助中华礼仪知识完成中华礼仪形式的展现，并说出每种礼仪之间的区别。	能够自主独立借助中华礼仪知识完成中华礼仪形式的展现，并能作为小师父进行讲解。
展中华礼仪之风采	能够以个人或集体为单位的方式进行中华礼仪节目展示。	能在部分项目上进行中华礼仪节目展示。	借助教师与同伴力量，基本可以进行中华礼仪节目展示。	基本可以在教师与同伴的帮助下，开展中华礼仪展示活动。	能够在教师的简单辅助下，组织设计中华礼仪节目。

2. 综合性评价

中华礼仪课程将教师评价、家长评价、学生评价相结合。每周教师会将周内所学发至群中，引导家长监督学生是否将所学落到实处，并结合成果展演进行综合性评价。

(二) 课程成效

人无礼则不生，事无礼则不成，国无礼则不宁。本课程围绕中华礼仪，探其历史，融其文化，展其风采，让学生知礼、学礼、明礼，在学习中潜移默化，将中华民族的优秀传统文化深深扎根于心底。丰富多彩的课程形式与多样化的评价方式在提高学生综合能力素养的同时，也提高了学生的学习兴趣，真正让学生做到在课程中掌握知识，在课堂中彰显个性，引导学生成为德智体美劳全面发展的新时代好少年。

(课程设计者/撰稿者：深圳市坪山区新合实验学校　徐美玉)

课程智慧 Ⅰ　妙语播音主持

课程名称：妙语播音主持

适用年级：小学二至五年级、中学七年级

一　背景与理念

国家高度重视中小学生的综合素质教育，美育作为其重要组成部分，在塑造学生的综合素养和艺术修养方面发挥了至关重要的作用。《义务教育艺术课程标准（2022年版）》指出课程应将对核心素养的培养贯穿始终，突出艺术特色，凸显美育功能，鼓励学校积极推动艺术课程建设。主持人社团作为一种具有广泛影响力的艺术教育形式，受到了政策的特别关注和支持。同时，我国中小学美育政策强调培养学生的艺术修养，鼓励学校重视学生的全面素质教育，包括语言表达和沟通能力的培养。

妙语播音主持课程作为主持人社团的重要支撑，秉承"用心吐字、用爱归音"的理念，用专业知识帮助热爱播音主持的学生想说、敢说、能说、会说、演说，让每个孩子都能够做最好的自己，帮助学生提高认识美、感受美、欣赏美、创造美的能力，做有美的理想与情操、有美的品格与素养的新时代艺术表演人才。主持人社团为学生提供了一个展现自己才华的平台，帮助学生在主持和语言艺术领域获得更多的经验和技能，提高综合素养。同时，学生将通过参与社团活动提高自身团队协作、领导力和解决问题的能力。这将有助于他们在未来的学习生涯和社会生活中更好地适应各种挑战。

二　价值和目标

妙语播音主持课程作为一种丰富多彩的综合素质教育内容，具有深远的积极意义，旨在培养学生良好的语言表达能力，流利讲话；使学生克服害羞、紧张、自卑等情绪，大胆交流；提高学生的朗诵和演讲水平，创造表达；提高学生的文化素养与艺术修养,内涵呈现。由此可见,本课程为学生提供了开阔视野、展示自我、增强自信的学习实践天地(见图1-2)。

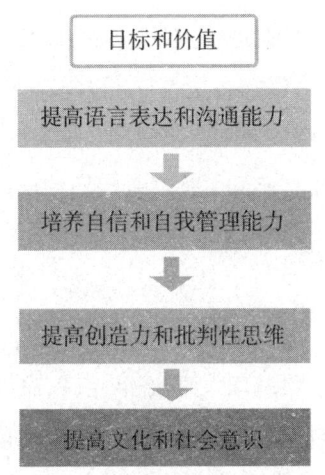

图1-2 妙语播音主持课程目标和价值指示图

其一,流利讲话,提高语言表达和沟通能力。本课程通过讲解主持和演讲的相关知识内容,使学生了解播音与主持。通过发音纠正、气息练习、绕口令实践等训练,使学生能清晰准确地发音,流利讲话。同时,课程将为学生提供丰富的学习和实践,全方位提高学生清晰、自信地表达自己思想的能力,以及锻炼学生应对各种社交情境中的沟通挑战的能力。

其二,大胆交流,培养自信和自我管理能力。自信是学生心理健康的重要标志,良好的语言表达能力,可以让学生清晰地表达自我,宣泄情绪,同时也可以建立良好的人际关系,成就学生强大的信心。主持人社团为学生提供了展示的平台,妙语播音主持课程培养了学生的自信和自我管理能力,教会学生如何应对挫折和批评,坚定自己的信念,并逐渐发展出坚韧的品质,这对学生未来的职业和生活都具有重要意义。

其三,创造表达,提高创造力和批判性思维。本课程鼓励学生积极探索不同的观点和用创造性的方式来呈现自己。这有助于培养学生的创造力,让他们不仅能够应对日常问题,还能够提出创新性的解决方案。同时,通过有关批判性思维课程的训练,学生能够更好地分析信息、评估观点和作出明智的决策。此外,让学生控制紧张情绪,快速集中精力思考,运用基本语言交流的技巧和方法,使讲话有层次有重点,成就小演说家、辩论师。

其四,内涵呈现,增强文化和社会意识。本课程可以提高学生的文化素养,其包含了听、说、读等能力训练,特别是阅读能力和理解能力的训练,为学生获取文化知识、提高文化内涵奠定基础。同时,妙语播音主持课程内容通常涉及不同的主题和活动,使学生有机会了解各种文化、社会问题和时事议题。这有助于增强他们的文化和社会意识,培养综合素质,提高社会责任感和关注社会问题的意识。

三 框架和内容

妙语播音主持课程是一门集基础发声、播音主持、思维强化为一体的综合性课程,因此本课程将围绕课程总体框架设计分段教学主题以强化课程教学。

(一)妙语播音主持课程总体框架

妙语播音主持课程为学生提供了广泛而深入的播音、主持和语言艺术方面的知识和技能培训。本课程包含播音主持基础知识、声音控制与发声技巧、语调和节奏运用、声音表达方式、主持稿件朗诵及口才训练、播音主持实战演练六个方面的框架内容(见图1-3)。

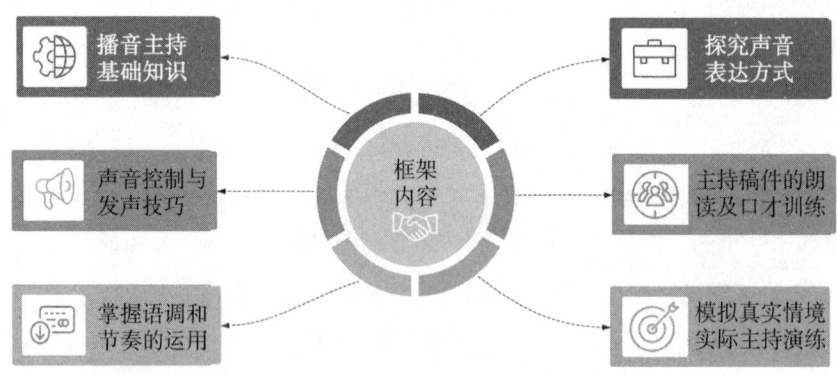

图1-3 妙语播音主持课程框架内容指示图

首先是播音主持基础知识的学习,这部分主要在理论知识的学习上,学生将了解广播行业的基本知识和相关规范,包括广播节目制作流程、广播台的运作模式、节目类型等内容。其次在声音控制与发声技巧的训练方面,学生将学习如何有效地控制声音,提高音质和音量,以确保清晰的声音表达。再次是在语调和节奏的运用方面,学习掌握语调的运用,以传递不同情感和信息,并学习如何使用节奏来增加演讲的吸引力。在声音艺术,探索声音的表达方式上,包含了音乐、音效和音频效果的运用。在主持稿件的朗读及口才训练上,学生将学习如何清晰、自信地朗读稿件,包括音调、节奏和语气的调整,能够根据不同的情境和主题,灵活地调整语气和表情,表达出恰当的情绪,与听众建立情感连接。最后在实际主持演练内容上,学生将了解如何具备良好的台风和仪态,包括站姿、坐姿、手势、眼神等方面的表现,能够给人以良好的形象感受。学生将在社团课程模拟的真实情境中,练习主持不同类型的活动,如新闻发布会、电台节目和演讲比赛等,同时锻炼处理突发状况和应对意外情况的能力,能够应对技术故障、突发新闻等突发事件。

(二) 妙语播音主持课程内容主题

为了提高学生全方位、多层次的主持能力,课程在课时方面将进行分主题教学,具体可分为如下表1-2所示主题。同时需要强调的是,考虑到学生接受能力与身心发展规律,小学二至五年级的课程与初中七年级的课程的课时量和课程侧重点将有所不同,在具体实施阶段将根据学生实际接受程度对课程主题的分配进行适当调整,以更好地完成课程目标,助力学生更好地掌握主持内容与技巧(见表1-2)。

表1-2 妙语播音主持课程主题分段表

课时安排	课程主题
第1—5课时	认识礼仪主持课程及基础知识
第6课时	播音与主持风格的多样化分析
第7课时	规范主持人基本动作技巧
第8课时	规范主持人基本动作技巧
第9课时	播音发声的物理、生理和心理基础
第10—15课时	语音基础训练与口语表达(阶段一)

(续表)

课时安排	课程主题
第 16—20 课时	语音基础训练与口语表达(阶段二)
第 21—25 课时	语音基础训练与口语表达(阶段三)
第 26 课时	期中测评
第 27 课时	言语交际的基本原则与实用技巧
第 28 课时	分析理解稿件、具体感受稿件的方法
第 29—33 课时	不同类型新闻的播音要领
第 34—36 课时	有声稿件和无声稿件的备稿方法
第 37 课时	播音创作与主持稿件朗读
第 38 课时	播音创作与主持稿件朗读
第 39 课时	期末测评

通过对妙语播音主持课程内容的学习,主持人社团将全方位、多层次地培养学生的播音主持能力,使他们能够胜任多种主持任务,包括新闻报道、演讲和活动主持等。此外,课程还鼓励学生积极探索创新,发展独特的主持风格,以吸引听众及观众,并在广播和传媒领域取得一定成果。

四 策略和方法

本课程小学二至五年级共 39 课时,中学七年级共 13 课时。在课程实施过程中,将遵循以下教学策略与方法,在把握正确教学策略方向的同时,合理运用教学方法展开具体教学,形成妙语播音主持课程的教学特色。

(一) 妙语播音主持课程教学策略

1. 榜样力量:端正言行以塑造人格

榜样的力量是无穷的。车尔尼雪夫斯基说:"教师把学生造成什么人,自己就应当是这种人。"主持教师在学生心目中的地位首先具有示范性,如果主持教师不具备好形象,那么课程教学就是失败的。在众多任课教师中,学生对主持教师的一举一动较为关注。因此,主持教师必须以身作则,教师的一言一行、穿衣戴帽,关系到学生良好习惯的养成,也关系到学生人格的塑造。

2. 持之以恒:严格要求以打好基础

主持人教育,本就是一种养成教育。在教学中,要持之以恒,使学生逐步养成良好的主持习惯。课堂上始终重视主持训练,既要使学生明白"理",又要训练"仪",学练结合,对学生提出严格具体、明确、详细的主持常规,使学生打好基础,形成正确的动作定势。主持教师要做模范,致力于打造一支优秀的主持人团队,使其成为校园一道亮丽的风景线。

3. 探索创新:灵活教学以激发兴趣

主持是一门口语化很强的学科,学生都必须多讲多练,才能达到学习的目的。在教学中,为了让每个学生在每个训练环节都有机会参与,会经常采用"师生互动、生生互动、游戏、创设情境表演"等形式进行教学。灵活多变的教学组织形式打破了传统的"老师讲、学生听"的教学模式,符合兴趣类专业主持社团课的教学要求,同时也更好地激发了学生积极参与学习活动的兴趣。

4. 松弛有度:亦师亦友以保持热爱

社团课的课时密集,训练强度大,在课堂上积极营造轻松、快乐的学习氛围是很有必要的。为了较好地保持学生对播音主持的热爱、学习的兴趣和课堂质量,在教学中,教师将使用简单易懂的句式与学生交流,会利用笑话、故事辅助教学,让学生感受到教师就像他们的朋友,在训练中,他们才能淋漓尽致地发挥自己的能力,训练的目的也较容易达成。

(二)妙语播音主持课程教学方法

本课程在教学过程中侧重打造互动式课堂,以学生为本,以兴趣为引,通过寓教于乐的方式进行知识传授,提升学生与老师之间的交流互动。课程中教师用情境式的模拟教学让学生在情境中学习语言,提升学生的想象力和创造力。教师运用多样的教学风格,使学生在轻松、幽默又不失严厉与认真的教学中感受爱与专业,同时关注每一位学生,营造和谐的课堂氛围。

课程的教学方法将理论与实践结合,注重互动和反馈,采用课堂讲授、小组讨论、角色扮演、模拟练习、实际操作以及案例分析等方式进行教学,这也将有助于学生深入理解播音主持的要点。同时,学生通过主持演练能够巩固自身所学内容,通过反馈机制能够了解自身的进步与成长,并得到指导,进而不断改进自己的主持技巧和表达能力。妙语播音主持课程将为学生提供坚实的播音主持基础,培养他们的主持潜力,使他们能够胜任各种主持工作,同时强调综合素质教育,使他们在未来的学习和社交生活中更加自信(见图1-4)。

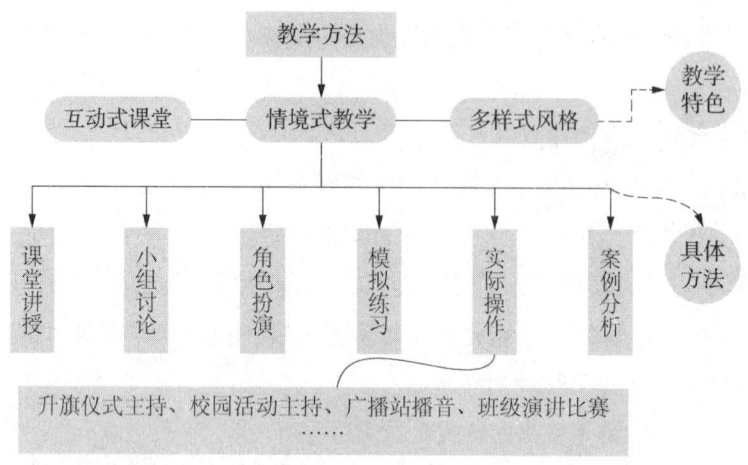

图1-4　妙语播音主持课程教学方法指示图

五　评价和成效

评价标准和评价方式的有效制定对妙语播音主持课程至关重要,其有效制定和高效实施是确保学生在课程中的学习效果和整体水平得到充分提升的重要依托。以下是本课程的评价体系与结构,可以帮助教师评估学生在课程中的学习成效。

(一)评价标准

(1)主持技能评价要点为语调、节奏、声音控制、自信度、清晰度、主持风格。具体方式是每学期末进行主持演练,学生在真实情境中主持活动。侧重由教师和同伴进行评估和提供反馈。

(2)课堂参与和合作评价要点为积极参与、团队合作、互动贡献。具体方式是课堂参与度、小组合作项目中的角色和贡献值。侧重由教师和同伴进行评估。

(3) 个人成长和反馈接受评价要点为自我改进、反馈接受度、学习意愿。具体方式是学生提交自我反思报告,反映他们的成长和改进计划。侧重由教师进行评估。

(二) 评价方式

(1) 在实际主持演练方面。每学期末,学生进行实际主持演练,包括不同类型的活动,如不同类型的主持活动和演讲比赛。教师和同伴将观察学生的主持技能,评估其表现,并提供反馈。

(2) 在课堂参与和合作评估方面。在课堂参与和小组合作项目中,教师和同伴将评估学生的积极参与、团队合作和互动贡献,以促进互动和合作。

(3) 在自我反思报告方面。学生每学期提交自我反思报告,反映他们的成长和改进计划。教师将评估报告中的反思质量和学生的学习意愿。

(三) 课程成效

(1) 掌握语言表达的知识与技能。通过妙语播音主持课程的学习,学生掌握了语言表达的专业知识,同时培养了学生语音、发音、节奏、语调等方面的技巧,使学生具备良好的语言表达能力。他们将学会如何清晰、准确地表达自己的想法和观点,提升沟通表达的技能水平。

(2) 提高自我认知和自我管理能力。通过妙语播音主持课程的学习,学生能够逐渐认识到自己的优势和不足,学会有效地管理自己。同时,在主持人社团所提供的实践活动中不断进行自身心理建设,建立起自信心,熟练应对各种场合和意外情况,在实践中展现稳健的主持风格。

(3) 提高文化修养和审美水平。妙语播音主持课程引导学生欣赏美、感受美,通过模仿、创作等方式培养学生的审美能力,使其在主持过程中能够进行更高水准的艺术呈现。通过学习和模仿优秀的主持人和演讲者,学生能够更好地理解文化内涵和艺术表达方式,从而提升自身的文化修养和审美水平。

(课程设计者/撰稿者:深圳市坪山区新合实验学校　时毛)

课程智慧 Ⅰ 心灵奇旅社

课程名称:心灵奇旅社

适用年级:小学四至六年级

一 背景与理念

(一) 纲要引领,培养积极心理品质

心灵奇旅社这一课程贯彻落实教育部《关于加强中小学心理健康教育的若干意见》[1]相关精神,以《中小学心理健康教育指导纲要(2012年修订)》[2]为指导,通过多种形式开展学生心理健康教育,结合现阶段中小学生身心发展特点规律,联系学校心理健康教育工作实际,积极、扎实、有计划、有重点地开展好心灵奇旅社课程教学工作,努力创造条件辅助和激励学生健康成长。与一般学科课程不同的是,心灵奇旅社是一门更具专业性、实践性和综合性的特殊课程,特别注重教学的开放性、活动性和体验性。

本课程运用心理健康教育理论和方法,通过各种途径开展小而精、专而强的心理健康教育活动指导,帮助学生进一步获取心理健康的初步认识,培养良好的积极心理素质,帮助学生正确认识自我,增强调控自我、承受挫折、适应环境的能力,具备健全的人格和良好的个性心理品质,唤醒生涯规划意识,促进他们身心全面和谐发展,让每一位学生在活动中了解自我、悦纳自我、调控自我、实现自我、超越自我,在教育活动中学会认知、学会做事、学会做人、学会共处。

(二) 理论指导,建设幸福课程之基

心灵奇旅社以泰勒课程开发理论与同伴教育理论为理论基础,指导课程建设,构建课程目标,确定课程内容,选择教学方式,指导课程评价。

---

[1] 教育部.关于加强中小学心理健康教育的若干意见[J].中华人民共和国国务院公报,1999(11):16—18.
[2] 中小学心理健康教育指导纲要(2012年修订)[J].中小学心理健康教育,2013(1):4—6.

1. 泰勒的课程理论

泰勒在《课程与教学的基本原理》中提出课程开发围绕四个基本问题运作，即课程开发涉及的四个部分：确定课程目标、选择课程内容、课程开发和课程评价。[①]

心灵奇旅社在设计相关课程时遵从泰勒的课程理论，从学校教育理念出发，确定了心灵奇旅社的课程目标在于让每一位学生都能过上幸福健康的生活，因此在进行课程设计时主张从学生生活实际出发，帮助学生形成幸福生活的相关经验，并以此确定课程的主要内容、主要教学方式以及课程的评价机制。

2. 同伴教育理论

同伴教育是指具有相同年龄、生活环境和经历、文化和社会地位的人在一起分享信息、观念或行为技能的教育形式。同伴教育强调同伴交往以群体的形式体现，而群体是因不同的气质、不同的价值取向而自然形成的不同人群。它强调同伴间地位平等、兴趣相似、经历相似、交往自由、没有任何的强制性。他们自由地交流自己的生活及学习经验，所以相互之间容易沟通，交流也更为自然。[②]

因此，心灵奇旅社的课程强调团体动力在学生中的作用，通过一系列的活动对学生实施教育，如团体辅导、心理训练、问题辨析、情境设计、角色扮演、游戏辅导、心理情景剧等，使其掌握一定的知识和技巧，再由他们向周围的青少年传播知识和技能，甚至向更广的范围传播，达到教育的目的。

二 价值和目标

"心灵奇旅社"，关注每一位学生，致力于让每一位学生都能过上幸福健康的生活，以学生为主体，以活动为主，以绘画、沙盘、团体活动、心理测试、趣味心理知识、心理学电影赏析、儿童心理剧等方式，培养学生运用心理学思维思考问题，快乐学习，健康成长，希望通过相互协作，"开启心之门，架起心之桥"。

[①] 解艳红.泰勒《课程与教学的基本原理》简析及其启示[J].内蒙古师范大学学报（教育科学版），2007(S1)：21—22.

[②] 王志贤，刘斌，甯聆怡.基于幸福同伴教育的大学生心理健康教育改革研究[J].职教通讯，2017(20)：68—70.

第一，宣传知识，传播理念，提升广大同学的参与度，形成心理自我保健意识；扩大教育面，使广大同学能在身边寻找合适人员倾诉苦恼，及时缓解或消除一般性心理困惑，促进班级心理文化建设。

第二，壮大心理健康教育朋辈队伍，帮助学校及时掌握各班级的"心理气象"，及早进行心理危机的预警和干预，促进平安校园建设。

第三，以学生为主体，引导、激励教育对象积极参与到教育过程中来，在班级心理使者等培训中，指导学生主动发现问题，运用心理学的原则、方法思考、解决问题并验证、完善解决方案，更好地体现"主体性、体验式、活动化"。

第四，让学生进行研究性学习。编制问卷调查了解各班级的学生心理状况，如：学习压力情况、人际交往情况、网络成瘾情况及各年级学生的心理特点及突出心理问题等；指导学生撰写调查报告，在条件允许时，参加校内外交流评选活动。

第五，让学生在实践活动中塑造心灵、完善人格。学生直接参与到心理沙龙、心理剧表演、心理宣传活动中，为其潜能发展提供了舞台；学生在编演过程中实现心理自助，在观看共享中实现心理互助；在活动参与中感受关爱，培养技能，接受助人、助己的心理健康理念，并以此来传播关爱、传递温暖，让关爱与温暖洋溢校园的每一个角落，从而营造学生之间、师生之间关爱互助的健康氛围。

三 框架和内容

心灵奇旅社按照《中小学心理健康教育指导纲要（2012年修订）》选择适宜年龄段的教学内容，根据教学实际进行课程构建。

（一）"心灵奇旅社"的申报与组建

"心灵奇旅社"面向小学四至六年级学生开设，招募心理朋辈队伍，授予"心灵小天使"标志，同时担任班级心理健康委员，进行课程申报。"心灵小天使"需将心灵奇旅社的学习内容迁移到班级，定期在班级中开展心理健康活动，并帮助、带动周围的同学一起快乐学习、快乐生活。其中的申报条件是快乐学习、快乐生活，具有阳光心态；热情待人、乐于助人，具有良好的同学关系和服务精神。

第一阶段为自主申报阶段，有参加意愿的同学都可参与报名；第二阶段为师生推荐阶段，在这个阶段中，课程负责人要汇总申报学生的信息，分班开展师生推荐活动，由班级同学和教师投票推荐；第三阶段为网络公示阶段，当师生推荐结束后，课程负责人会在学校微信公众号推文中公示投票名单；第四阶段为校园展示阶段，当选的"心灵小天使"要为自己制作特色卡片，并在卡片中附上"心灵"格言和自我介绍以便在校园橱窗集中展示。

（二）"心灵奇旅社"的规则制订

"心灵奇旅社"制订课程规则的方式有两种：一是自主讨论，由"心灵小天使"畅所欲言，各自发表观点和意见，课程负责人在此基础上整理成文；二是反复研讨，课程负责人需根据岗位目的，与学校心理辅导教师进行多次修改和研讨，确定草案，并就草案和社团成员再次进行商讨，听取意见，最终形成定稿。

（三）"心灵奇旅社"的实施

第一阶段的课程以成员的"心理建设"为重点，针对小学高段年级学生的心理发展特点及实际需求，设计多板块教学内容，包括"团队熔炼、情绪管理、人际交往、自我认识、生命教育、学习辅导、生涯规划、课程总结"，第一阶段内容体系具体见图1-5与表1-3。

图1-5 "心灵奇旅社"第一阶段内容框架

表1-3 第一阶段内容体系

第一学期			第二学期		
模块	内容	课时	模块	内容	课时
团队熔炼	心灵奇旅社	1	生命教育	我的出生日记	1
团队熔炼	团队熔炼一	1	生命教育	神奇的身体	1
团队熔炼	团队熔炼二	1	生命教育	我的成长之路	1
团队熔炼	团队熔炼三	1	生命教育	我们的生日会	1
团队熔炼	你我的约定	1—2	生命教育	男生和女生	1
情绪管理	丰富多彩的情绪	1	生命教育	当我进入青春期（生理篇）	1
情绪管理	情绪的作用	1	生命教育	当我进入青春期（心理篇）	1
情绪管理	做情绪的主人	2	生命教育	我能好好睡	1
人际交往	寻人行动	1	生命教育	认识死亡	1
人际交往	最少的脚	1	学习辅导	学习是什么	1
人际交往	啄木鸟行动	1	学习辅导	学习发动机	1
人际交往	人体悬浮	1	学习辅导	学习风格	1
人际交往	解开千千结	1	学习辅导	智力与智商	1
人际交往	时装秀	1	学习辅导	卖梳子	1
人际交往	瞎子和瘸子	1	学习辅导	5.25宣传报设计	1
人际交往	信任盲行	1	生涯规划	行行出状元	1
人际交往	寻宝	1	生涯规划	我可以做什么	1
自我认识	认识我自己	1	生涯规划	我的简历设计	1
自我认识	我喜欢我自己	1	生涯规划	工作招聘会	1
自我认识	优势大转盘	1	课程总结	学习测评	1
自我认识	我的家庭树	1	课程总结	测评展示	1
自我认识	价值拍卖	1	课程总结	我的愿望	1
自我认识	命运之神	1	课程总结	课程总结	1

为了让课程成员胜任心灵小天使的工作，从心理朋辈委员的四个角色入手，分别展开系统的培训。此外，还增加辅导实践环节，以小组活动与汇报检验的方式提高课

程成员的实际运用能力。第二阶段的培训体系具体见图1-6与表1-4。

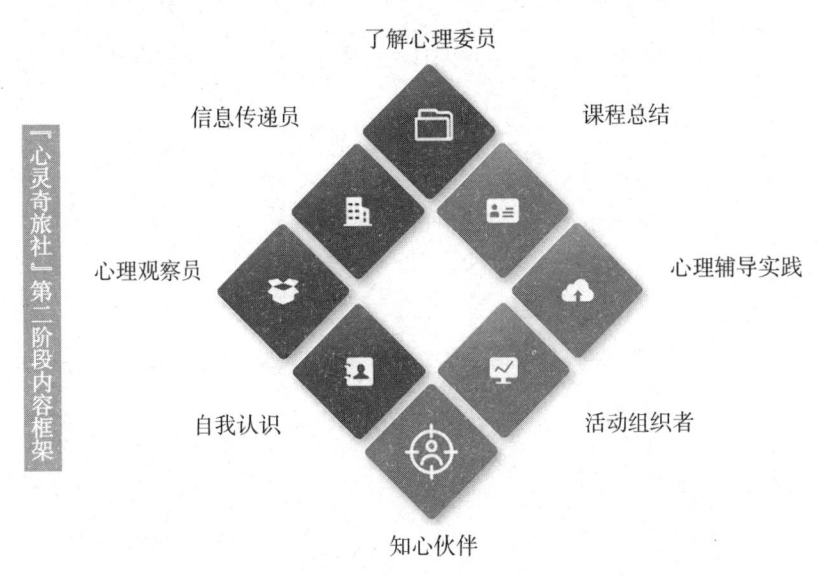

图1-6 "心灵奇旅社"第二阶段内容框架

表1-4 第二阶段内容体系

第三学期			第四学期		
模块	内容	课时	模块	内容	课时
了解心理委员	守护心灵的天使	1	知心伙伴	"知心伙伴"的非言语	2
信息传递员	心悦小屋	1		倾听	2
	心理健康知多少	1		提问	1
	走进心理辅导	2		同感	1
	小学生常见心理问题的类型	1		换个角度想一想	1
	《班级心理状况记录表》	1		宣泄法	1
	有趣的心理图片	1		我画我心	1
	有趣的心理效应	1		曼陀罗绘画	1
	有趣的心理实验	1		放松法	1
	心理委员学习测评（一）	1		音乐放松法	1

23

(续表)

第三学期			第四学期		
模块	内容	课时	模块	内容	课时
	测评评讲	1		自我暗示法	1
心理观察员	知识学习 — 表情	1		想象放松法	1
	知识学习 — 动作	1		压力你好	1
	知识学习 — 空间	1	活动组织者	心理测评工作	1
	活动体验 — 你说我要	1		心理节组织	2
	活动体验 — 多元排队	1	心理辅导实践	心理辅导案例模拟	2
	活动体验 — 狼人杀	1		团体督导	4
自我认识	认识我自己	1		我要……	1
	我喜欢我自己	1		学习测评	1
	优势大转盘	1	课程总结	心理辅导能力实践测试	2
	我的家庭树	1		测评展示	1
	价值拍卖	1		测评展示	1
	命运之神	1		课程总结	1

四 策略和方法

(一) 关注岗位,实施心灵奇旅社"心"主题

"心灵小天使"的成员有明确的岗位职责和角色定位。在课程活动中,"心灵小天使"不仅要提高自身的心理素质,保持积极乐观的心理品质,而且要成为维护同学心理健康的小观察员、心理健康知识的宣传员、班主任开展心理团辅的小参谋员、学校心理活动的策划者和组织者。在活动设计中,我校基于岗位角色定位,以成员心理品质培养和岗位培训为目标,制订了系列化主题活动(见图1-7)。

一是主题系列化。根据"心灵小天使"的岗位职责和角色定位,我校将主题分为两大类:一是良好心理品质培养篇,侧重于培养"心灵小天使"们良好的心理品质,提升他们的心理素质;二是岗位知识技能培训篇,侧重于"心灵小天使"作为心理健康委员的

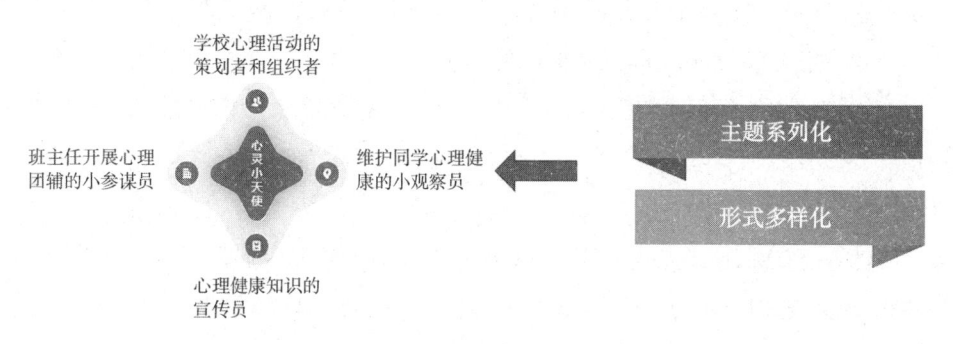

图1-7 实施心灵奇旅社"心"主题

岗位培训。

二是形式多样化。主题的实施形式多样,包括角色扮演,即让"心灵小天使"扮演他人的角色,站在他人的角度和立场,以他人的观点来看待问题,理解他人的处境和感觉;游戏体验,即以游戏为活动主载体,让"心灵小天使"在游戏中体验、反思、分享,进而提升心理品质;讲授讲座,即心理教师根据岗位培训主题开设相应的专题讲座;小组讨论,即就一个问题让"心灵小天使"在小组内发表自己的看法,群策群力地解决问题,进而获得感悟与成长。

(二)关注班级,开展心灵奇旅社"心"行动

"心灵小天使"心理课程的成员同时担任班级心理健康委员,需要密切关注班级同学的心理动态,留意好班级内的特殊事件,履行好自己的岗位职责。一是做好"心理观察员"。"心灵小天使"需关注班级和身边的同学,如果同学有特殊的情绪变化,"心灵小天使"需将其记录在每周的班级心理晴雨表中。二是做好"心理宣传员"。"心灵小天使"需在班级宣传栏中专门开辟一角作为心理知识宣传角,选择好宣传材料进行布置,要求每月一换。三是做好"团辅参谋员"。"心灵小天使"来自学生中间,能了解很多教师所不了解的信息。班主任教师可以根据"心灵小天使"们所提供的信息对班级学生的心理状况有更深入的了解,使团辅更具针对性。"心灵小天使"也应及时收集班内同学对团辅的反馈,为后续活动优化奠定基础。四是做好"小心理指导员"。作为"心灵小天使",当身边的同学有烦恼和伤心时,应主动关注和帮助同学。遇到同学有心理困惑时,"心灵小天使"可以运用自己的知识和能力想办法帮助同学解决。遇到无法解决的问题时,"心灵小天使"可主动询问辅导教师,进行自我学习。

(三) 关注学校,播撒心灵奇旅社"心"理念

"心灵小天使"的活动范围不局限于教室和心理辅导室,整个校园都可以作为活动场地,"心灵小天使"应将心灵奇旅社"心"理念播洒到学校的每一个角落。一是当回心理小主播。学校红领巾广播站开辟"心理微讲堂"栏目让"心灵小天使"轮流入驻,进行各类心理主题宣讲,这类专题讲堂深受同学欢迎。二是做次心理剧演员。校园心理剧集戏剧、小品、心理问题为一体,既能帮助当事人解决自己的心理问题,又能使其他学生获得心理健康教育。"心灵小天使"们在活动课时,尝试开展校园心理微剧的创作和排练。在学校的艺术节、心理健康月、国旗下展示等时间段进行展示,播洒阳光积极的"心"理念。三是办次心理小沙龙。心理沙龙是一种形式自由活泼、参与性强的主题讨论会,是"心灵小天使"们比较喜欢的一种活动形式。他们确定主题、策划方案、绘制海报、邀请教师和家长做嘉宾。在互动探讨中,同学、家长、教师都受益。

五 评价和成效

(一) 评价要素

中小学心理健康教育课程评价的范围与内容,需要通过相关可测量指标来体现,换句话说就是通过测量具体的项目反映抽象的内容。心理健康教育课程有别于其他传统的文化课程,当然在课程评价具体指标的选择上也有所区别。因此心灵奇旅社的课程评价可围绕以下几个方面进行评价。

对学生的评价:促进学生全面发展是开展心灵奇旅社课程的出发点与落脚点,各项围绕心理健康教育展开的工作说到底都是为了学生。因此,对心灵奇旅社课程的评价也可以说是对学生展开的评价。具体而言,对学生的评价又可以分为对学生个体评价和对学生集体评价。对学生个体评价包括:学生是否学会了学习与生存,学生是否形成了正确的自我意识和良好的品德,是否培养了学生的人际交往能力和耐挫折能力,是否帮助学生形成了积极的情感和正确的世界观、人生观、价值观,是否对学生心理问题起到了一定的预防与矫治。对学生集体评价包括:是否提高了学生集体的凝聚力、向心力、责任感、荣誉感,是否形成了良好的班风与校风,班集体的自主、自立和自我教育能力是否得到提高(见图1-8)。

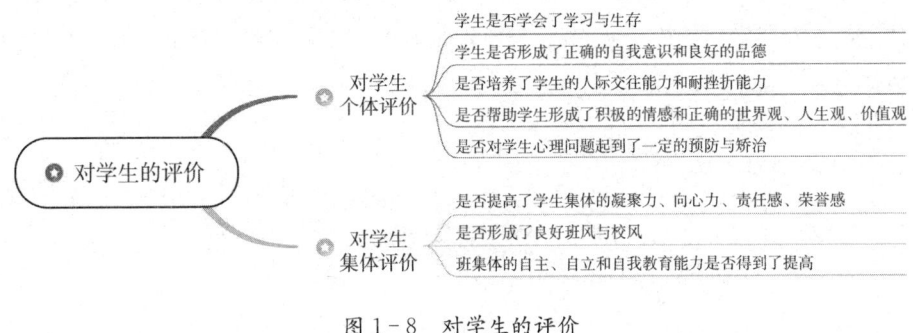

图 1-8 对学生的评价

对学生的评价
- 对学生个体评价
  - 学生是否学会了学习与生存
  - 学生是否形成了正确的自我意识和良好的品德
  - 是否培养了学生的人际交往能力和耐挫折能力
  - 是否帮助学生形成了积极的情感和正确的世界观、人生观、价值观
  - 是否对学生心理问题起到了一定的预防与矫治
- 对学生集体评价
  - 是否提高了学生集体的凝聚力、向心力、责任感、荣誉感
  - 是否形成了良好班风与校风
  - 班集体的自主、自立和自我教育能力是否得到了提高

对教学过程的评价：首先要看心灵奇旅社课程的教学内容是否能够激发学生兴趣、满足学生需要，是否能够为不同特点的学生提供心理发展的空间；其次要看教学方法是否灵活多样，活动设计是否有针对性、创新性，能否吸引学生主动参与到教学过程中，并形成浓厚学习兴趣和良好学习态度；最后要看课堂教学过程中的师生互动是否高效，能否营造出宽松、活跃、和谐的课堂氛围(见图1-9)。

1. 教学内容：是否能够激发学生兴趣、满足学生需要，是否能够为不同特点的学生提供心理发展的空间

2. 教学设计：教学方法是否灵活多样，活动设计是否有针对性、创新性，能否吸引学生主动参与到教学过程中，并形成浓厚学习兴趣和良好学习态度

3. 教学过程：师生互动是否高效，能否营造出宽松、活跃、和谐的课堂氛围

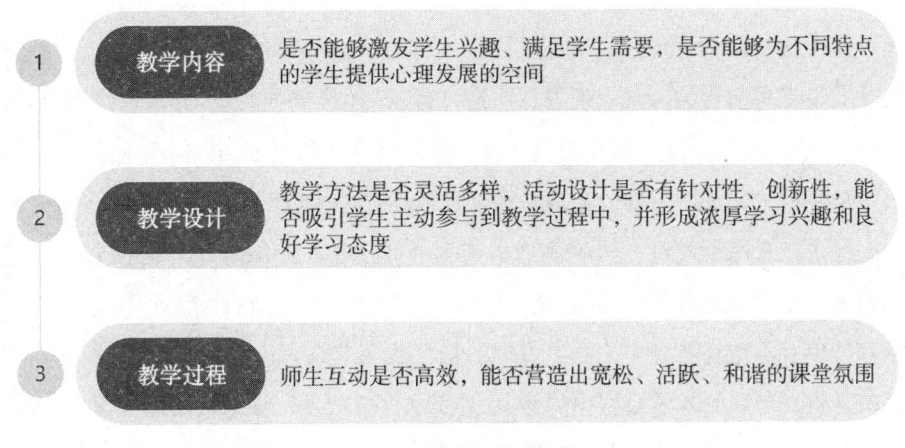

图 1-9 对教学过程的评价

对课程效果的评价：心灵奇旅社课程的教学效果评价主要是看学生心理素质的发展状况及相应行为的是否有改进，必须以学生知、情、意、行的全面改善为标准。即看

其是否让学生获得了相应的基础知识和有关信息,改变了学生思考问题的方式,了解自己某方面心理素质发展的现状;是否使学生有情感投入,获得了有益的情感体验;是否使学生掌握了有用的生活技能;是否使学生有决心完成某种有意义行为的"行动意向"(见图1-10)。

图 1-10 对课程效果的评价

对学生作品的评价:作品内容源自实际生活,主题明确,表达清晰,内涵丰富;中心内容突出,情感积极向上,具有一定深度,能给人以知识和启迪,充分展示学生良好的精神面貌和朝气蓬勃的青春气息;绘画作品构图合理,比例恰当准确,上色均匀,色彩丰富、鲜明,有层次感,画面生动和谐,线条自然流畅,不粗糙,构图饱满,布局得当,艺术表现力强,表现形式有特色,具有想象力。

(二) 评价方式与方法

心灵奇旅社课程评价方式采用过程性评价与阶段性评价相结合的方式。过程性评价是对学生每节课的课堂表现进行评定,阶段性评价分为两次,分别在每学期的期末进行,主要是对学生一个学期的收获与成长进行总结和评定。根据两项评价的综合结果,每学期评出"优秀、良好、合格和不合格"四类学生,对于优秀学生给予一定奖励。

心灵奇旅社课程评价方法主要采用档案袋评价法。档案袋评价是在20世纪80年代西方中小学评价改革运动中形成和发展起来的一种新的质性评价方式。它是指教师和学生有意地将各种有关学生表现的材料收集起来,并进行合理的分析与解释,以反映学生在学习与发展过程中的努力、进步状况或成就。该方法是评价学生心理发展状况的一种很好的方法,其优点是信息量大而全,很容易与教学结合;可以为学生提供展示的机会;帮助学生担负起确定目标和评价自身进步的责任;展示学生的作品成为一种与家长沟通的有效方法。通过档案袋评价法,采集能反映个体心理发展过程和结果的资料,如学生的心理测验数据、课堂活动表现、个人兴趣记录、自我反思和小结、课堂艺术作品等,作为学生心理发展情况的依据。

　　心灵奇旅社课程评价主体采用多元主体评价方式,家庭、学校、社会作为学生发展的环境,也对其身心健康起着不可忽视的作用,因此要将学生的自我评价、教师评价、学生相互评价以及家长评价结合起来,尤其要加强学生的自我评价和学生相互评价,使学生、教师、家庭能够广泛参与到课堂评价中来,从多个角度对心理健康课堂教学活动作出公平、公正、全方位的评价,促进教师和学生的全面发展。例如在以"学会与他人沟通"为主题的课程开展后,可通过量表、交流日记等形式引导学生对自己与他人的沟通情况进行自评和自我反思,形成客观的自我认知;同时教师和同伴可针对某一学生的人际沟通表现进行他评,教师对学生评价促进了其自身对教学过程的反思,学生通过评价同伴也提高了批判性思考的能力;此外还可通过家长访谈等方式对学生心理状况作出评价。

(三) 评价流程与指标

1. 课程参与

　　围绕参与形式、参与过程与参与结果进行综合性评价,共分为 A、B、C 三档,具体评价细则如下,见图 1-11 与表 1-5。

课程参与
- 参与形式
  - 三声
    - 掌声(相互鼓励、相互欣赏)
    - 笑声(情景交融、节奏清晰)
    - 辩论声(寻根问据、百家争鸣)
  - 三交
    - 交流(多维对话、集思广益)
    - 交锋(各抒己见、据理力争)
    - 交融(问题聚焦、思维共振)
  - 三话
    - 学生在课堂上讲自己的话(独立思考)
    - 讲真实的话(和而不同)
    - 讲有创见的话(创新见解)
- 参与过程
  - 三争:争鸣、争辩、争先(问题争鸣、理性争辩、奋勇争先)
  - 三会:会倾听、会标记、会梳理(学会课堂倾听、学会标记重点、学会梳理知识)
  - 三出:出观点、出思路、出成果(敢于表达自己的独立观点、善于阐述自己的问题思路、乐于奉献自己的学习成果)
- 参与成果:能通过"读中学、查中学、做中学、说中学、听中学"行动生成外显语言产品和思维内化产品

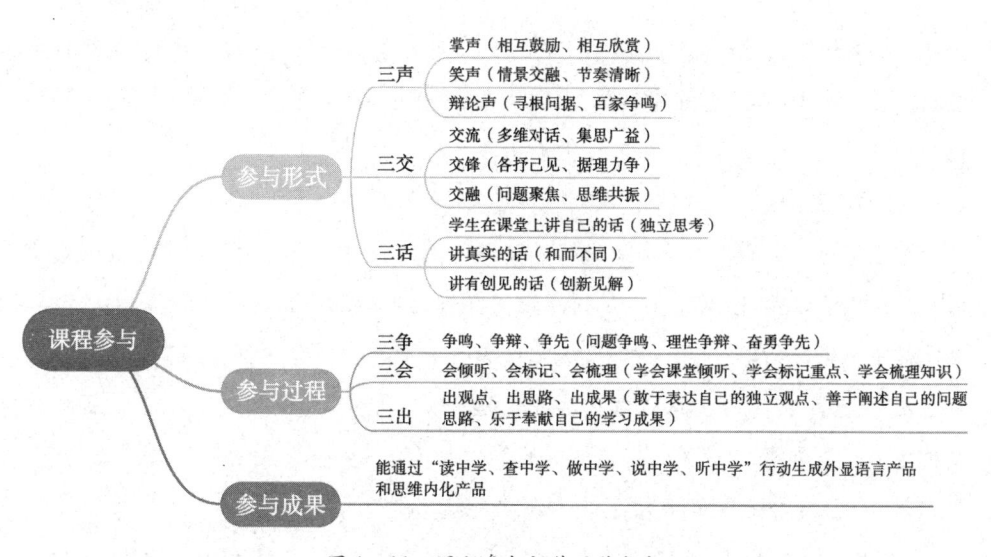

图 1-11　课程参与评价具体指标

表1-5 课程参与评价表

姓名	参与形式	参与过程	参与结果	总评

参与形式：(1)三声：掌声(相互鼓励、相互欣赏)、笑声(情景交融、节奏清晰)、辩论声(寻根问据、百家争鸣)；(2)三交：交流(多维对话、集思广益)、交锋(各抒己见、据理力争)、交融(问题聚焦、思维共振)；(3)三话：学生在课堂上讲自己的话(独立思考)、讲真实的话(和而不同)、讲有创见的话(创新见解)。

参与过程：(4)三争：争鸣、争辩、争先(问题争鸣、理性争辩、奋勇争先)；(5)三会：会倾听、会标记、会梳理(学会课堂倾听、学会标记重点、学会梳理知识)；(6)三出：出观点、出思路、出成果(敢于表达自己的独立观点、善于阐述自己的问题思路、乐于奉献自己的学习成果)。

参与成果：(7)能通过"读中学、查中学、做中学、说中学、听中学"行动生成的外显语言产品和思维内化产品(外显语言：可分为口头语言、文本语言、体态语言，如个性解读、提出问题、阐述方法、陈述思路、表明依据、操作展示、思维产品……；内化产品：对话能力、行为表现、行事方式……评价判断)。

2. 作品评价

将学生每节课的学习单作品进行档案袋建档，档案袋中建立积分评价，让学生完成每一次作业以后，根据作业上的得星情况在档案袋中的一张统计表上涂相应的☆，为了鼓励差生、培养尖子生，我们又规定作业有进步的也可得一颗☆，到学期结束时，评选出"最佳作业者"。这种作业评价方式很好地调动了学生的积极性，而且也比以往的评价方式更全面、更完善。评价标准如下：

(1) 作品内容源自实际生活，主题明确，表达清晰，内涵丰富；

(2) 中心内容突出，情感积极向上，具有一定深度，能给人以知识和启迪，充分展示学生良好的精神面貌和朝气蓬勃的青春气息；

(3) 绘画作品构图合理,比例恰当准确,上色均匀,色彩丰富、鲜明,有层次感,画面生动和谐,线条自然流畅,不粗糙;

(4) 构图饱满,布局得当,艺术表现力强,表现形式有特色,具有想象力。

3. 评语评价

评语,是一种作业批阅的方式,便于学生更清楚地了解自己作业中的优缺点,还可加强师生之间的交流,促进学生各方面和谐统一的进步。在评价作业时,我们根据学生作业完成情况巧用评语。通过语言上的激励打动学生的心,激活学生的情,使他们的心灵在教师的赏识中得到舒展,让他们变得越来越有自信,越来越优秀。好的评语是号角,鼓舞学生前进的激情。

结合以上评价指标,形成心理课课程过程性评价评分表(见表1-6和表1-7)。

表1-6 心理课课程过程性评价评分表

姓名	课程参与	作品评价	评语评价	总评

表1-7 心理课课程评价评分表

姓名	过程性评价							阶段性评价		总评
^	第1次	第2次	第3次	第4次	第5次	……	第N次	期中	期末	^

(四) 课程成效

1. 促进成员自身成长

心理社团为"心灵小天使"们搭建了学习、锻炼的平台,提升了成员的心理素质,也进一步增强了成员的心理健康意识。"心灵小天使"在活动中助人自助、互助共赢,促进了自身的健康成长。

2. 带动身边同伴成长

"心灵小天使"在活动中充分发挥自身辐射作用,当好心理健康"播种机"和"宣传队"。"心灵小天使"积极创设班级良好心理健康教育氛围,帮助班级里的小伙伴共同成长。他们积极的行动、乐观的心态、主动助人的精神感染了身边越来越多的同伴。在他们的带动下,孩子们的心理健康意识增强了,积极助人的参与者也更多了。

3. 丰富学校心育形式

"心灵小天使"心理社团的实践研究,提炼了小学心理社团构建、活动设计和实施策略方面的经验,丰富了我校原有的心育形式,从实践和理论两个层面推动了我校心育的发展。

(课程设计者/撰稿者:深圳市坪山区新合实验学校　房伟桓　尹心云)

课程智慧 Ⅰ 非遗皮影社

课程名称：非遗皮影社

适用年级：小学四至六年级、初中七年级

一 背景与理念

《义务教育艺术课程标准(2022年版)》新增戏曲板块的内容,中国皮影既是古老的戏曲艺术,又是宝贵的非物质文化遗产,具有极高的艺术价值,特此结合学校实际情况,构建了非遗皮影课程。该课程基于学情,以核心素养为导向进行美术大单元课程设计,明确课程目标、丰富课程内容、拓宽学习方式、开发特色活动、融入新奇元素、建立评价体系,从而形成独具特色的皮影课程(见图1-12)。目前皮影课程开设近两年,学校高度重视,制定严密的课程计划,建有专业的皮影教室与皮影社团,将皮影课程予以推广,从而促进学生的综合发展,提升核心素养。

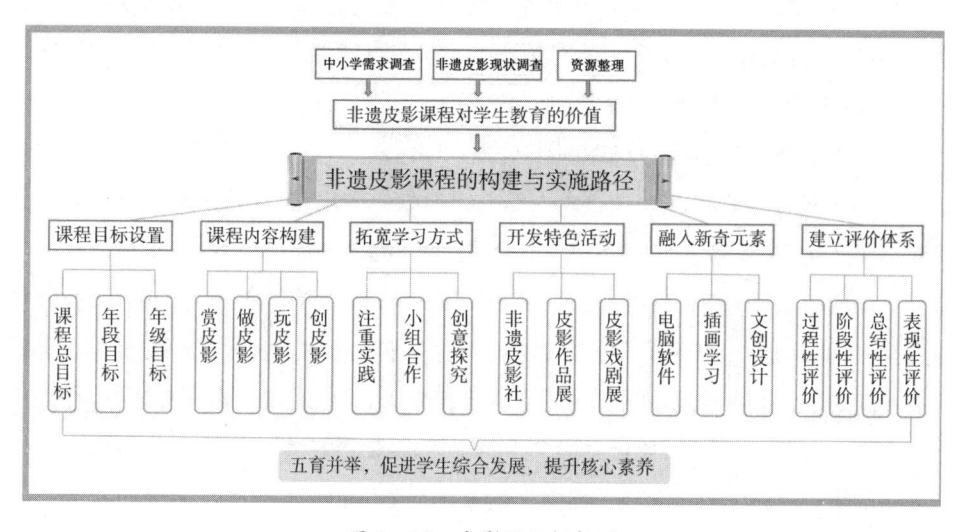

图1-12 皮影课程框架图

（一）立足课程理念，践行新时代以美育人的目标

《义务教育艺术课程标准（2022年版）》指出：坚持以美育人，重视艺术体验，突出课程综合的课程理念。引导学生积极参与各类艺术活动，感受美、欣赏美、表现美、创作美，学习和领会中华民族艺术精髓，增强中华民族自信心与自豪感。皮影课程紧密契合新课标的课程理念，在以美育人方面，引导学生积极参加皮影艺术活动，感受皮影之美，欣赏皮影之美，体会制作皮影之美，充分发挥皮影课程在培养学生审美和人文素养中的重要作用。在艺术体验方面，重视学生在皮影学习过程中的艺术感知及情感体验，使学生在欣赏、表现、创造的过程中，形成丰富、健康的审美情趣。在课程融合方面，皮影课程融合音乐、美术、历史、劳动等学科，落实新时代以美育人的教育目标，促进学生身心健康的全面发展。

（二）落实核心素养，符合艺术新课程标准的要求

《义务教育艺术课程标准（2022年版）》增加了戏剧（戏曲）和影视教育分量。戏剧（戏曲）和影视属于综合性艺术，对于学生而言具有一定难度。皮影作为最古老的戏剧，有利于引导学生从源头更好地学习和了解戏剧艺术。此外，新艺术课程标准还对"学做传统工艺品""传承传统工艺""继承与发展文化遗产"等方面的内容进行了细化。同时，岭南版美术教材中也含有大量传统文化的内容，如《有声电影的鼻祖——皮影戏》等课本，可见国家对传统文化的重视。皮影作为一门综合艺术，集绘画、雕刻、戏曲于一体，充分体现了美术的核心素养"审美感知""艺术表现""创意实践""文化理解"，契合义务教育阶段艺术新课程标准的需求。

（三）挖掘皮影价值，助力非物质文化遗产的传承

中国皮影戏早在2011年就已经入选人类非物质文化遗产，国家高度重视对皮影等非物质文化遗产的保护。中共中央办公厅、国务院办公厅印发的《关于加强我国非物质文化遗产保护工作的意见》《关于全面加强和改进新时代学校美育工作的意见》等文件指出，要通过社会教育和学校教育等途径，注重对非物质文化遗产的传承。但目前皮影戏的现状不容乐观，随着电影、电视等媒介的兴起，戏剧艺术逐步没落，传统皮影艺人也越来越少。由此，挖掘皮影艺术的价值，将皮影艺术引进中小学美术课堂，构建系统的皮影课程实属必要，这既符合国家的号召，又符合艺术新课程标准改革的要求。

二　目标和价值

皮影课程在教学层次划分上分成核心素养目标、课程总目标和具体目标三种,详细内容如下。

（一）核心素养目标

1. 审美感知。学会欣赏传统皮影艺术的造型之美、颜色之美,感受不同地域皮影的造型差异与审美差异。

2. 艺术表现。学会利用不同的表现手段,掌握制作简易皮影的基本方法,并能通过各种媒介、技术和艺术语言的运用,表现自己对皮影艺术的思考。

3. 创意实践。学会综合运用多学科知识,培养皮影艺术创新和实际应用能力。将皮影进行创意制造,利用多种媒介,结合中小学学生的身心特点,创新皮影的表现形式,通过动手实践,感受制作皮影的乐趣。

4. 文化理解。通过学习皮影的相关知识,了解皮影的文化内涵,领会皮影艺术对中华文化发展的贡献和价值,形成正确的历史观、文化观,感受皮影艺术的魅力,从而增强文化自信。

（二）课程总体目标

在学校层面打造皮影特色,形成特色品牌,引导学生以学习"非遗皮影"艺术为载体,通过鉴赏、动手制作与创意实践等诸多方面全面认识皮影艺术文化,对皮影艺术进行传承与创新,从而增强学生的美术核心素养,促进非遗文化传播,具体目标如下。

1. 感知、发现、体验和欣赏皮影之美,提升审美感知能力。

2. 了解不同地区、地域的皮影文化差异,理解地区文化特点,学会尊重、理解和包容皮影艺术表现形式的多样性。

3. 丰富想象力,应用多种媒介、技术进行皮影作品创意表达与交流,提升学生的艺术表现力。

4. 发展创新思维,积极参与皮影创作、制作、表演、展示等艺术实践活动,提升创意实践能力。

5. 感受和理解我国深厚的文化底蕴,传承和弘扬中华传统文化,感受皮影艺术的魅力。

(三) 具体目标

1. 赏皮影板块目标。走进皮影艺术，了解皮影艺术的发展历史、皮影流派等，了解皮影艺术的发展历程，懂得欣赏不同地域的皮影特点。学会鉴赏皮影艺术的造型艺术之美与色彩美，感受皮影这一古老的造型艺术魅力。

2. 做皮影板块目标。掌握制作皮影的基本方法，学会皮影各个部分如何绘画、雕刻、串联等方法，能独立制作出简易的皮影。

3. 玩皮影板块目标。学习简易皮影戏的创编，能操作皮影人物完成简易动作，编排简易的皮影戏剧。通过开展相关的皮影艺术活动，增强学生的学习兴趣。

4. 创皮影板块目标。学会运用多种媒介，创新皮影的表现形式，创意改造皮影，并开发制作系列皮影文创作品，用皮影艺术装饰美化我们的生活。

三 框架和内容

课程内容的设置是依据《义务教育艺术课程标准(2022年版)》中的美术学科课程内容"欣赏·评述""造型·表现""设计·应用"和"综合·探索"的四类艺术实践，结合学校学情与皮影艺术资源进行整合，构建多学科融合的非遗皮影课程(见图1-13)。

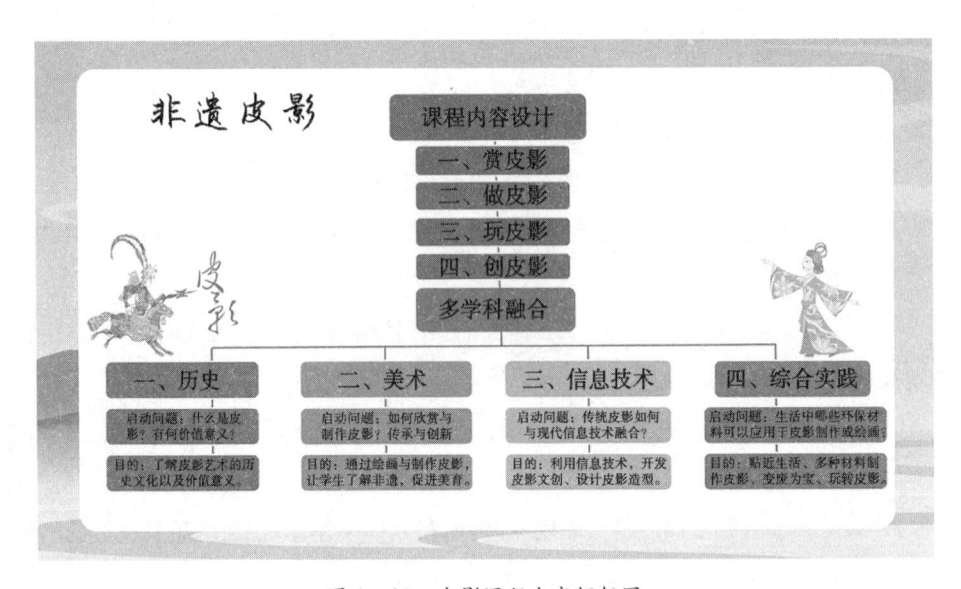

图1-13 皮影课程内容框架图

非遗皮影课程分为四个板块:"赏皮影""做皮影""玩皮影"以及"创皮影",课程板块设计图如下(见图1-14)。

根据皮影课程的实际情况,将课程进行系统的划分,明确课程安排、课程目标、课程内容、实施要求、时间安排、预期成果形式等,我校皮影课程各板块具体内容如下(见表1-8)。

表1-8 皮影课程各板块具体内容表

	课程名称	课程目标	课程内容	实施要求	时间安排	预期成果形式
课程安排	板块一:赏皮影	1. 了解皮影的历史; 2. 掌握皮影的造型特点; 3. 掌握皮影的颜色搭配。	了解皮影的历史渊源,学会欣赏皮影的造型、颜色等艺术。	教师做好PPT与教学设计,学生跟随教师收集与皮影相关的材料,了解皮影的历史以及造型和颜色。	5课时	1. 皮影人物造型设计图; 2. 皮影绘画作品; 3. 皮影文创作品; 4. 皮影戏短剧; 5. 皮影装饰品。
	板块二:做皮影	1. 掌握制作皮影的步骤与方法; 2. 动手制作精美的皮影人物。	学习制作简易皮影的方法:1. 画稿;2. 过稿;3. 上色;4. 剪刻;5. 拼接。能独立设计出精美的皮影作品。	教师做好PPT与教学设计,对学生进行系统的皮影课程训练;了解制作皮影的方法步骤,学习利用身边的材料制作简易的皮影作品。	10课时	
	板块三:玩皮影	1. 掌握皮影的动态方法,让皮影动起来; 2. 编排皮影短剧; 3. 创新皮影活动,玩转皮影。	分小组分工合作,撰写剧本,设计皮影形象,分工合作,编排皮影戏剧,并通过多种形式,创新皮影的表现方法。	教师做好PPT与教学设计,对学生进行系统的皮影课程训练;学习编排皮影短剧,反复排练,创新皮影的形式。	10课时	
	板块四:创皮影	1. 国画皮影; 2. 玻璃画皮影; 3. 设计皮影文创的作品。	1. 利用多种形式创新皮影的表现形式,学习文创作品的基本知识。 2. 学习 PS、SAI等软件的创作; 3. 创意设计。	1. 教师做好PPT与教学设计,让学生们学会一些基础设计软件的操作,提高学生的信息技术操作能力与设计能力; 2. 学生从身边发现美、认识美,了解陆丰皮影艺术的广阔天地和生活的关系。	10课时	

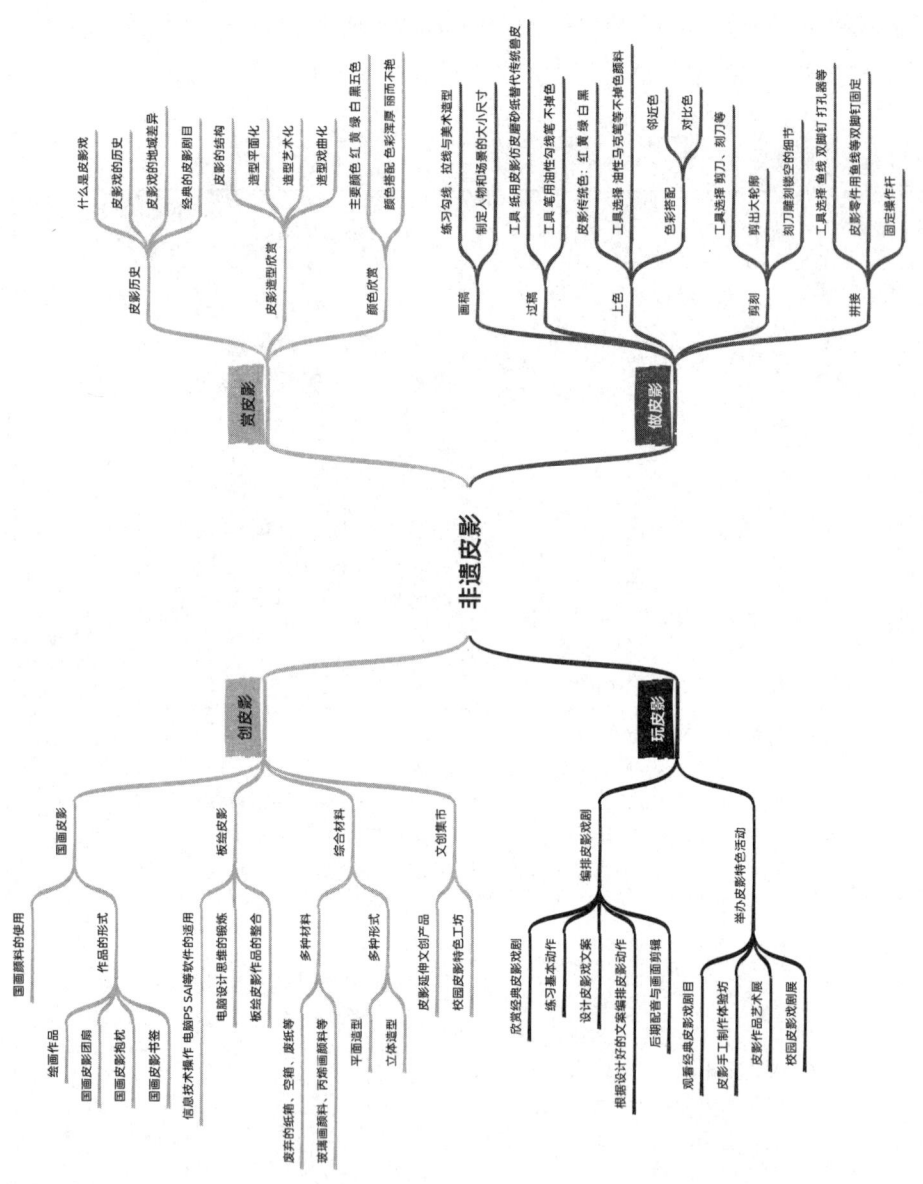

图 1-14 皮影课程板块设计图

(一)"赏皮影"板块

"赏皮影"板块主要为鉴赏课程,主要从皮影的历史文化、造型特点、颜色搭配三个方面展开,体现了美术核心素养中的"文化理解"与"图像识读",将核心素养渗透到课堂教学中。

中国皮影历史源远流长,始于西汉,兴于唐,盛于清,元时经丝绸之路传至西亚和欧洲,历经千年不衰,被称为中国民间艺术的"活化石",有着很高的历史文化和艺术价值。在悠久的皮影长河中,由于不同地域的文化特点,声腔唱法与造型特点各不相同,于是形成了不同的皮影流派,比如唐山皮影戏、陕西皮影戏、甘肃皮影戏,以及广东省的陆丰皮影戏等,种类多达十几种。通过皮影戏历史课,引导学生理解皮影的历史渊源,不同地域皮影的差异,激发学生对皮影艺术的关注与学习兴趣。

皮影艺术之美来源于其独特的造型,皮影造型独特,具有许多鲜明的艺术特征。特征一是造型平面化,中国皮影的造型风格借鉴了民间剪纸的艺术形式,轮廓简洁概括,内部雕刻精细,结构繁复,非常精美。特征二是造型艺术化,皮影形象处理不太写实,进行了一定的艺术加工,将人物形态夸张,外轮廓以直线概括。特征三是造型戏剧化,传统皮影和戏曲有着密切的联系,皮影人物的设计大部分都吸收了戏曲人物的造型特点,如生、旦、净、丑四大行当的人物造型等。通过皮影造型赏析课程引导学生运用专业术语从设计的角度进行评述表达,感悟皮影点线的韵律美与皮影造型的艺术美。

皮影颜色方面也极为考究,传统皮影主要有红、黄、绿、白、黑 5 种颜色,色彩浑厚沉着、丽而不艳,不同的颜色代表人物不同的形象与情绪,以色彩暗喻皮影人物的性格与身份,使人物形象更加鲜明。传统皮影色彩强烈的对比色不仅符合人们的审美,还配有精美的纹样,形成了独具特色的皮影造型风格,使学生不仅了解了学习皮影色彩的搭配特点与传统皮影纹样,还增强了学生对传统皮影的学习兴趣。

(二)"做皮影"板块

该模块主要考查学生的动手实践能力,让学生实际动手制作皮影,在动手实践中感受非遗皮影的艺术魅力。

为了便于中小学生了解掌握,将实践操作的工序精简为画稿、过稿、上色、剪刻、拼接五步。制作简易皮影需要的工具有:铅笔、橡皮、油性勾线笔、油性马克笔、剪刀、皮影戏操纵杆、双脚钉、打孔器、皮影仿皮磨砂纸等材料。

第一步：画稿。首先进行皮影造型训练，让学生先用铅笔在纸上确定皮影人物或场景的稿子，绘画时注意线条粗细、长短、疏密等的搭配问题，细心描绘好皮影人物造型。第二步：过稿。用皮影仿皮磨砂纸（磨砂半透明的塑料胶片）替代传统的兽皮材料。将用铅笔画好的皮影造型线稿，用油性勾线笔将其勾勒在皮影仿皮磨砂纸上面。注意此处一定要用油性勾线笔，油性的笔才能在仿皮纸上勾勒不掉色。第三步：上色。传统皮影主要有红、黄、绿、白、黑5种颜色。色彩浑厚沉着、丽而不艳。皮影色彩中色彩的强烈对比符合人们的审美，具有一定的装饰性，使皮影人物形象更加鲜明。考虑制作难度和成本的原因，用油性马克笔替代皮影颜料，对皮影人物进行细致的上色，使其形象更加精美。第四步：剪刻。上好色的皮影作品，利用剪刀将大轮廓剪下，将皮影各个部分拆分开来，用刻刀对头部、服饰等细节进行雕刻。第五步：拼接。利用鱼线（或双脚钉）将各零部件连接，再用木棒操纵杆连接鱼线，根据每个人物的需要选择使用相应数量的操纵杆，使操作灵活自如，从而完成一个完整的皮影作品的创作。

（三）"玩皮影"板块

玩皮影课程主要包括两大内容：一是编排皮影戏剧，二是举办皮影特色活动。

编排皮影戏剧，要先从经典作品学起，先带领学生欣赏经典皮影戏剧作品，如《战恶兽》《鸡与蛇》等经典剧目，这些皮影戏剧的表演，动作丰富，操作复杂，甚至可以做到眨眼、张嘴等细节动作，是演员在幕后手工操作，借助灯光照射，使"影戏人"的影子在幕布上行走跳跃，手舞足蹈，并配以对白和戏曲唱腔，表演故事情节，从而演绎一场场精彩的皮影故事。由于中小学生年龄限制，学习这些传统皮影戏剧过难，可以根据学情将皮影戏的编排简化，先指导学生们学习一些简单操作皮影的方法，学生们通过学习，掌握如何通过小棍棒与手指的相互协调配合，使皮影作品可以进行一些行走、挥手、跳跃等简单的动作。通过一段时间的反复练习，最终让学生们都能达到相对熟练地操作皮影的效果，后期再指导学生排练皮影剧目。传统的皮影戏是由专业的皮影演员来表演完成的，而且还需要掌握皮影戏的唱腔技巧，让皮影更加富有真情实感。传统的唱腔和专业的动作操作对于学生来说过难，所以在排练时，采用后期配音的形式，将其简化。剧目排练主要有三个方面的要求：一是写好文案设计；二是根据设计好的文案编排皮影动作；三是为后期的配音与画面的剪辑。

结合学校实际与学情特点举办皮影特色活动,将皮影玩转起来。除了常规的美术课堂与社团课程,学校还会定期开展美术特色活动展览,让学生感受浓郁的皮影艺术的气息,同时通过活动提高非遗文化的辐射能力。如通过星彩艺术节皮影作品展、拍摄学校新年视频、趣味皮影视频等形式将皮影艺术进行推广,深受师生、家长的喜爱,皮影课程也获得新合实验学校"十佳星彩品质课程"。通过校园展览的形式,丰富校园艺术活动,营造浓郁的非遗文化氛围。与此同时,还可以设置"皮影手工制作体验坊",让感兴趣的学生亲自体验皮影制作,增强学生对皮影的学习兴趣。此外,还可以带领学生欣赏经典皮影戏剧作品,如《龟兔赛跑》《飞天》等经典剧目,让学生感受最古老的戏剧艺术魅力,通过丰富多彩的活动,增强学生对学习皮影的兴趣。

(四) 创皮影模块

创皮影课程的"创"是指创新皮影的形式。传统皮影都是利用牛皮等材料进行制作的。学校课程将传统的牛皮改成更贴合学生学情的材料,比如与综合实践课程结合,利用废弃的纸箱、空瓶、废纸等废物器材,结合皮影元素,做成富有创意的皮影装饰品;与国画相结合,运用国画颜料与宣纸毛笔等材料绘制皮影;与信息技术相结合,运用信息技术制作系列皮影文创。

这里以皮影文创课程为例。课程包含了产品设计、信息技术软件操作、文创设计等方面的内容,先通过"产品设计"课程让学生了解文创作品的概念,了解一些基础的产品设计的理念、方法,让学生对产品设计有基础的了解。再通过"信息技术操作"课程指导学生基础的电脑操作,让学生们学会一些基础设计软件的操作,如 PS、SAI,学会简单的图片处理与设计,能将手绘的图案转变成电子版,提高学生的信息技术操作能力与设计能力。"皮影文创作品创作"通过前期的皮影绘画能力与设计能力的培养,使学生从身边发现美、认识美,了解皮影艺术的广阔天地和生活的关系,指导学生开发相关的皮影文创产品。开设"板绘皮影课程",改变传统的皮影绘画形式,搭配现代的电脑绘画风格,既有传统符号又有现代技法,达到古典与现代的碰撞,形成一种富有精神内涵与地域特色的插画作品。此外,再将设计好的皮影插画做成各种精美的文创产品,如皮影帆布袋、皮影水杯、趣味抱枕、中国风皮影团扇等,让传统的皮影艺术以一种更加贴近学生生活的形式出现,不仅可以增强学生对皮影的学习兴趣,还可以保护、发展濒临灭绝的皮影艺术。

四 策略和方法

学校以美术课堂教学、美术社团、美术特色活动三大板块为主线,真正贯彻落实皮影课程体系,即抓住皮影这一非物质文化遗产的主线,从这三个方面开展多样化的皮影课程学习。通过美术课堂,让学生了解皮影艺术的基本知识,培养学生的美术基本技能;通过美术社团,让学生深入探究皮影的制作方法,并对皮影进行创意表现,发展学生的美术专项特长;通过特色美术活动,让学生感受皮影艺术互动的乐趣,增强学生的审美体验。通过多样化的实施路径,开展校本皮影课程学习,将课程真正落地实施。新课标下的美术教学是以核心素养为主体的立体教学,非遗皮影课程应渗透人文、审美、实践交融的创新教育理念,为此要运用多元化的教学策略与方法。

(一) 运用丰富的教学方法

皮影课程常用的教学方法有:一是以语言传递信息为主的方法,在课堂上会利用讲授法、谈话法等传授学生相关的皮影知识,对于较难的知识点还会运用讨论法的形式,让学生进行合作探究。二是以直观形象为主的教学方法,课程中教师利用皮影实物,采用欣赏法、观察法让学生近距离赏皮影的造型美与色彩美;并通过演示法,现场向学生演示皮影的制作步骤,体会制作的乐趣。三是以操作训练为主的教学方法,利用练习法,给予学生充足的练习时间,让学生练习如何绘制皮影形象。四是以审美评鉴为主的教学方法,教师在课堂上会采用评价法、批评法,让学生了解传统皮影艺术形象与我们现在的审美差异,同时也要结合学生的学情特点,贴近学生的实际,让学生辩证地看待皮影艺术,懂得古人审美艺术特点。

(二) 拓宽灵活的学习方式

皮影课程在学习方式上注重以生为本,凸显学生的主体性。一是注重实践,让学生亲自动手实践制作皮影,感受制作的乐趣,并带领学生走进皮影剧场,观看皮影剧目表演,创设跟皮影艺人学习的机会,拉近学生与皮影的距离,从而激发学生对皮影的学习兴趣。二是采用小组合作的学习模式,在教学中以小组为单位,引导学生通过团队合作、互相交流探索,体会皮影制作与编排皮影戏剧的乐趣,从而培养学生团队协作的意识。

(三) 引导趣味的创意实践

皮影作为一门古老的艺术,具有极高的艺术价值,在学习传统皮影的同时,还鼓励学生结合我们的实际生活对传统皮影进行改造创新。比如传统皮影都是用牛皮、羊皮来制作,制作成本高昂,鼓励学生利用身边的材料进行制作,大胆创新皮影的表现形式,给予学生自由创作的舞台。运用多种艺术媒介,创新皮影的表现形式,让学生乐于尝试,勇于创新,从而激发学生无尽的创造力,提高学生对皮影艺术的喜爱之情。

(四) 建立和谐的家校合作

美术课堂与社团课程都极其注重家校沟通,关注学生的健康成长,以便让家长了解学生的学习情况及学习进度,同时也设计一些有趣的亲子活动,让学生将在校学到的皮影知识传递给父母,从而增进亲子关系,以家校共育助力学生成长。

五 评价和成效

皮影课程以综合多元的方式对学生进行教育评价,以评价促成长,提升教学质量和教学成果。通过两年的皮影课程积累,初获成效,学生优秀的皮影绘画作品在众多美术竞赛中脱颖而出;教师在论文、案例、课题等研究方面也取得了一定成绩。

(一) 建立评价体系,发挥评价的导向性

皮影课程评价体系主要通过四个维度展开:过程性评价、阶段性评价、总结性评价与表现性评价。过程性评价的关注点主要是针对学生学习皮影的整个过程,而不是最终的结果,教师对学生进行因材施教,考虑到学生的基础不一,针对每个学生的美术基础、绘画水平、上课考勤、用心程度进行评价;阶段性评价是根据学生所处的阶段进行评价,比如课程的前期阶段评价、中期阶段评价、后期阶段评价,通过对学生前、中、后三个阶段的对比,从而得到对学生一个较为全面的评价;总结性评价主要是根据学期末素质测评、期末皮影作品等内容,结合整个学生的课堂表现,进行学期的总结性评价;表现性评价主要是结合学生平时的课堂表现,如举手发言、听讲认真程度以及作业完成情况等方面对学生的平时表现进行综合性评价。通过这四个维度的评价措施,综合地教育评价学生,增强评价的科学客观性。让每位学生都能充分理解并准确把握学习的方向,从而提高学生自我反思的水平与能力,促进学生自我完善。

（二）搭建创作平台，提升课程的延续性

目前，通过学校皮影课程的开设，辅导学生制作了皮影手稿近200幅，较为精细的皮影作品60余幅，皮影头茬40余件，皮影装饰画20余幅，绘制皮影风格插画作品10余幅，开发制作了系列文创产品（直尺、钥匙扣、手机壳、杯垫、抱枕、小摆件等），初步建成了皮影艺术工作坊和开放式皮影体验空间，学生的皮影美术作品，多次在市级、区级的美术竞赛中斩获佳绩。

皮影课程也逐步系统化、体系化，在论文、案例、课题等方面取得了一定的成果。撰写的论文《艺术新课程背景下"非遗皮影"课程实施策略研究》荣获深圳市坪山区课程建设一等奖，撰写的案例《"非遗"皮影课程构建与实施》荣获深圳市坪山区案例一等奖，课题"国家非遗'陆丰皮影戏'校本课程开发与策略研究"于2021年成功获深圳市坪山区课题立项，融合课程"陆丰皮影文创设计""创玩皮影""板绘皮影"等课程也获深圳市坪山区跨学科融合课程立项。

综上所述，皮影课程如何进行"传承与创新"一直是笔者艺术教育研究的重点，既要挖掘非遗皮影传统宝贵的艺术价值，同时结合学生的学情特点，给予皮影艺术新的内涵。本课程在建构和实施过程中，围绕课程目标、课程内容、学习策略与方法、建立评价体系等方面构建学校特色皮影课程。在实施过程中明确课程目标，把握课程建设的方法，以此增强非遗皮影课程教学的有效性；在课程内容方面融合多学科进行创新，通过赏皮影、做皮影、玩皮影、创皮影四大板块，开展大单元美术教学；并以过程性评价、阶段性评价、总结性评价、表现性评价为导向，注重对学生的多元评价。由此力图打造以生为本，符合艺术新课程标准的皮影课程，从而践行新时代以美育人的目标，促进学生对非遗文化的学习，进而提升学生的核心素养。通过前期的教育实践，本课程已经取得初步的成果，在今后的教育教学中，将会不断完善皮影课程体系，使非遗艺术在校园绽放绚丽的艺术之花，促进学生的全面发展！

（课程设计者/撰稿者：深圳市坪山区新合实验学校　黄磊）

第二章
大规模因材施教的课程目标

大规模因材施教的课程目标规定了学生在品德、智力、体质、美育和劳动等多个方面的发展要求。实现这些目标，需要综合考虑教育目的、培养目标、学生特点、社会需求、学科发展等方面的要素，并根据实际情况不断进行评估和调整。

课程目标是课程实现的具体意图,它规定了学生通过学习后,在发展品德、智力、体质、美育、劳动等方面期望实现的程度。课程目标是课程设计的起点,也是确定课程内容、教学目标和教学方法的依据和课程评价的准则。

如何确定大规模因材施教的课程目标?首先,需要明确课程目标与教育目的以及培养目标之间的衔接关系。同时,还需要对学生特点、社会需求、学科发展等方面进行深入研究。具体而言,确定大规模因材施教的课程目标有四个要点:

第一,教育目的为大规模因材施教的课程目标的制定提供了宏观的指导思想,它对课程的根本性质和方向起着决定性作用。教育目的是把受教育者培养成为一定社会需要的人的总要求,是培养人的质量规格。[①] 一般而言,课程目标从属于教育目的。从此意义上讲,课程目标就是教育目的在教育活动中的具体化。《中国教育现代化2035》提出的"注重学生全面发展,大力发展素质教育,促进德育、智育、体育、美育和劳动教育的有机融合"[②],体现了我国开放融合的现代教育目的。因此,确定大规模因材施教的课程目标时,应明确教育并不是使学生平均、平庸发展,而是"在德智体美劳全面发展的基础之上的个性发展"[③]。

第二,培养目标规定了大规模因材施教的课程目标的方向。《义务教育课程方案(2022年版)》明确了义务教育的培养目标,指出"义务教育要在坚定理想信念、厚植爱国主义情怀、加强品德修养、增长知识见识、培养奋斗精神、增强综合素质上下功夫,使学生有理想、有本领、有担当,培养德智体美劳全面发展的社会主义建设者和接班人"[④]。这一培养目标为确定学校课程目标指明了方向。

第三,学生特点、社会需求和学科发展为大规模因材施教的课程目标提供依据。学生认知水平、学习能力、兴趣爱好、个人特长等特点存在差异,应尊重其个性,体现其意志,将学生看作"完整的人",才能促进其全面发展。学生的发展过程也就是社会化

[①] 曾育松.从"三育并举"到"五育融合":中国百年教育目的的历史审视与认知路径[J].齐鲁师范学院学报,2022,37(5):74—83.
[②] 中共中央、国务院印发《中国教育现代化2035》[J].中华人民共和国教育部公报,2019(Z1):2—5.
[③] 杨兆山.教育学的"个性"概念[J].中国教育学刊,1996(4):16—18,64.
[④] 中华人民共和国教育部.义务教育课程方案(2022年版)[M].北京:北京师范大学出版社,2022:2.

的过程,因此,我们要特别关注社会需求。学科是知识的主要载体,确定大规模因材施教的课程目标必须考虑学科发展。

第四,学校育人目标为大规模因材施教的课程目标提供导引。我校坚持以培养"忠诚担当、阳光自信、合作创新"的少年儿童为育人目标,从三个维度展现了学校的办学理念和精神追求。

1. 忠诚担当

忠诚担当是一种思想品格,是指个人对自己所承担的职责和使命的坚定忠诚,主要表现为:

(1) 爱家国,有赤诚之心。热爱伟大祖国、中华民族、中华文化,坚持中国共产党的领导,坚持中国特色社会主义道路,能够自觉践行和弘扬社会主义核心价值观,对家庭有深厚的情感,以实现中华民族伟大复兴为己任。

(2) 具备高度的道德品质。树立正确的世界观、人生观和价值观,注重修养,做到有个人品德、家庭美德、社会公德、职业道德,形成健全的道德认知和道德情感,发展良好的道德行为。

(3) 勇于担当社会责任。关注国家大事,关心社会公益事业,积极参与志愿服务等社会实践活动,勇于承担自己的社会责任,为社会的发展进步贡献自己的力量。

2. 阳光自信

阳光自信是指积极向上、乐观开朗、充满希望,对自己的能力和未来充满信心的品质,主要表现为:

(1) 热爱生活。保持积极向上的心态,对生活充满热情和好奇心,能够看到生活中的美好和希望。有自己的理想和目标,并为之不懈努力。

(2) 自我肯定。了解自己的优点和长处,同时也能接受自己的不足,对自己有客观的评价,肯定自己的价值,相信自己有能力解决问题。

(3) 自主自立。具备自主学习的意识和能力,能主动获取知识和技能,不断提高自己的综合素质。能独立思考和决策,勇于挑战,能面对失败,愿意从失败中学习和成长。

3. 合作创新

合作创新是社会赋予青少年的时代要求,对学生的成长和发展有着重要的影响。

培养学生的合作创新品质和能力,鼓励学生乐于合作、敢于创新,能为学生未来的发展打下坚实的基础。合作创新主要表现为:

(1) 合作意识。具备良好的团队合作能力,能与他人共同完成任务,尊重他人的意见,善于沟通和协调。

(2) 创新思维。具备创新思维,能从不同的角度思考问题,提出新的思路和解决方案,不拘泥于传统的思维模式。

厘清教育目的与培养目标,分析学生特点、社会需求和学科发展,立足我校育人目标,大规模因材施教的课程目标分学段设置如下:

	忠诚担当	阳光自信	合作创新
一年级	• 知道社会主义核心价值观,积极加入中国少年先锋队。 • 培养基础的诚实守信的品质;感知父母辛劳,尊重师长。 • 爱护家庭、学校和公共环境卫生,爱护公物,遵守公共秩序。	• 热爱生命,对生活充满好奇心。 • 能够表达自己的感受,看到自己的进步和不足。 • 积极参与课堂活动,逐渐培养专注力。	• 积极参与团队活动。 • 学会在团队中表达自己的观点和意见。
二年级	• 知道社会主义核心价值观,积极参加少先队活动。 • 深化诚实守信的品质;孝敬父母,尊重师长。 • 爱护公共设施,遵守公共秩序。	• 热爱生命,懂得自我保护。 • 能够表达自己的感受,看到自己的进步和不足,体会成长的快乐。 • 培养对学习的兴趣,形成良好的学习习惯。	• 学习基本的合作技巧和沟通方式,感受合作的快乐。 • 初步具有从不同角度提出观点的意识。
三年级	• 初步理解并践行社会主义核心价值观的要求。 • 诚实守信,学会倾听和尊重他人的意见;孝敬父母,体会父母的养育之恩,尊重师长。 • 自觉爱护公物;参加力所能及的公益志愿活动。	• 知道生命可贵,感知生活的美好。 • 学会认识自己,能够识别消极情绪。 • 学会主动学习,培养耐心。	• 进一步学习合作技巧和沟通方式,懂得合作的意义。 • 敢于尝试新事物和提出新的想法。

(续表)

	忠诚担当	阳光自信	合作创新
四年级	• 在日常生活和集体活动中践行社会主义核心价值观。 • 诚实守信,尊老爱幼。 • 积极参与力所能及的志愿服务等社会实践活动。	• 珍惜生命,善于发现生活的美好。 • 学会认识自己,能够识别消极情绪,学习调节情绪的方法。 • 在克服困难中进一步增强自信心,敢于面对挑战和竞争,学会适应环境的变化。	• 倾听他人的意见,学会在合作中取长补短。 • 主动拓展知识和技能,能提出有一定新颖性和合理性的观点。
五年级	• 理解社会主义核心价值观的内涵,并在日常生活和社会活动中践行。 • 树立正确的道德观念;明辨是非、善恶、美丑。 • 自觉参与力所能及的志愿服务等社会实践活动。	• 树立生命至上的理念。 • 正确认识自己,形成积极向上的心态,学习调控情绪。 • 保持对未来的憧憬和信心,具有一定的抗挫折能力。	• 乐于倾听他人的意见,学会在合作中取长补短。 • 能在教师的指导下进行初步的创意设计。
六年级	• 在日常生活和社会活动中积极践行社会主义核心价值观。 • 进一步树立正确的道德观念,尊重各行各业的劳动者。 • 知道宪法,了解公民的基本权利和义务。	• 敬畏生命,热爱生活。 • 自信乐观,增强情绪管理能力。 • 能够适应社会环境的变化。	• 妥善处理人际关系中的矛盾和问题,学习更多的合作技巧,提高合作效率。 • 能在教师的指导下进行简单的创新实践。
七年级	• 理解中国梦的内涵,理解社会主义核心价值观的重要意义并自觉践行。 • 加强道德修养和人文素养的培养。 • 关注社会热点问题和社会责任。	• 懂得生命的意义和价值,热爱生活。 • 形成自我评价和自我认知,能自主调控情绪。 • 在德、智、体、美、劳等方面发展自己的特长和优势。	• 培养一定的领导力和团队协作能力,在集体中发挥自己的作用。 • 能从多角度提出新颖合理的观点,并能设计出简单的创意作品。

(续表)

	忠诚担当	阳光自信	合作创新
八年级	• 积极加入中国共产主义青年团；弘扬民族精神，坚定文化自信；自觉践行社会主义核心价值观。 • 进一步加强道德修养和人文素养的培养。 • 主动组织、参与社会实践和志愿服务等活动。	• 懂得生命的意义和价值，热爱生活，树立正确的人生观。 • 正确认识自己，能够自我反思，能自主调控情绪。 • 理解个人与社会、国家和世界的关系，积极适应社会发展变化。	• 培养自主学习和自主创新能力，为团队的创新提供支持。 • 能够独立设计出有一定价值的创意作品。
九年级	• 树立为中华民族伟大复兴而奋斗的理想，具有强烈的民族自豪感。 • 加强职业道德和社会责任感的培养。 • 关注个人成长和社会发展，理性维护社会公德。	• 确立正确的人生观。 • 不断完善自我，保持乐观态度。 • 进一步提高自我认知和自我管理能力，为自己的未来规划和职业发展作好准备。	• 增强团队合作能力和合作精神，共同完成复杂的任务。 • 具有一定的创造性解决问题的能力。

总之，确定大规模因材施教的课程目标需要综合考虑教育目的、培养目标、学生特点、社会需求、学科发展、学校育人目标等多个要素。同时，还需要不断进行评估和调整，以确保课程目标的实现。

(撰稿者：深圳市坪山区新合实验学校　唐新淯)

课程智慧 Ⅰ 新合小乒乓

课程名称：新合小乒乓

适用年级：小学二年级

一 背景与理念

（一）背景

小学二年级的乒乓球社团背景可以包括以下几个方面。

1. 教育意义：乒乓球作为一项有益于身心健康的运动，可以作为学校体育教育的一部分，帮助学生从小培养运动习惯。

2. 学校文化：乒乓球社团作为学校文化的一部分，通过体育活动来丰富学生的校园生活，增强学校的特色和凝聚力。

3. 学生需求：考虑到小学二年级学生的身体发育和兴趣特点，乒乓球社团可以满足他们对运动的好奇和需求。

4. 社会趋势：随着社会对青少年体育教育的重视，乒乓球社团可以作为顺应社会趋势的一种方式，促进学生全面发展。

5. 体育精神：通过乒乓球社团的活动，可以培养学生的体育精神，如团队协作、竞技、公平竞争等。

6. 健康促进：乒乓球运动有助于提高学生的身体素质，预防肥胖和近视等健康问题。

7. 技能培养：乒乓球社团可以为学生提供一个学习新技能的平台，让他们在运动中学习如何控制球拍、发球、接球等技巧。

通过这些背景信息，可以看出小学二年级乒乓球社团不仅是一个简单的运动团体，更是一个促进学生身心发展、社交能力和体育精神培养的重要平台。

（二）理念："乒乓快乐，健康一生"

理念强调通过乒乓球运动来获得快乐和健康的一生。乒乓球是一项广受欢迎的体育运动,不仅可以锻炼身体,还能提高反应能力、协调性和注意力。通过参与乒乓球运动,人们可以享受运动的乐趣,并且促进身体和心理的健康。

乒乓球运动有助于锻炼肌肉,提高心血管功能,增强身体的灵活性和耐力。通过不断地击球和移动,乒乓球运动可以提高身体的代谢率,促进血液循环,增强免疫系统的功能,从而改善整体的健康状况。

此外,乒乓球运动也对大脑的发育和功能发展有积极影响作用。在比赛中需要快速反应和准确判断对手的动作,这有助于提高思维能力、专注力和判断力。通过与他人进行乒乓球比赛,还可以培养团队合作精神和竞争意识,增强社交交流和沟通能力。

总之,"乒乓快乐,健康一生"的理念鼓励人们通过乒乓球运动来享受快乐、提高身体素质和促进身心健康。它提倡积极的生活方式,并鼓励人们定期参与乒乓球运动,以实现快乐和健康的人生目标。

体育智育齐发展,兴趣和学习共并进。带领学生积极参与乒乓球学习,在训练中激发兴趣!以"兴趣——爱好——特长"三部曲方式,调动和培养学生积极参与乒乓球活动和训练。

二 价值和目标

乒乓球运动以新颖活泼的体育活动为载体,培养学生合作、诚信、果敢、公平等优良品质,发展学生个性特长,促进学生身体、心理和社会适应能力等方面健康和谐地发展,丰富校园文化生活。

(一)以球育德,促进学生良好的品质的形成

乒乓球作为一项竞技运动项目,既需要整个团队的通力合作,又需要个人遵守一定的球场规则;既需要队员们能共同分享成功的喜悦,又需要个人能勇敢地面对挫折。乒乓球运动能真正锤炼人,使学生养成遵守行为规范、积极向上、团结合作、相互帮助的良好品质。学生们在快乐的乒乓球活动中,快乐参与、快乐体验、快乐成长。

(二)以球健体,促进学生身体素质的提高

乒乓球运动对学生的身体素质的提高十分有益。各种动作技巧是平时刻苦训练的积累,能活跃身心。乒乓球运动使学生的动作协调能力、反应能力以及身体素质明

显提高,学生的身体形态、生理机能等也能得到很好的发展。

(三) 以球促智,促进学生学科成绩的提高

强健的体魄是学习的基础,凭借学生在乒乓球运动中养成的良好的意志品质更能促进其智育的良好发展,实现学生全面素质的提升。

三 框架和内容

(一) 教学框架

乒乓球社团的课程结构包含了基本技术、技战术、比赛、团队合作、兴趣爱好和家国情怀等方面的内容,旨在全面培养学员的乒乓球技能、战术意识、团队合作与文化认同等综合素养(见图 2-1)。

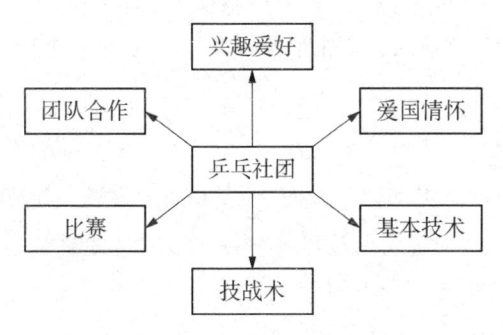

图 2-1 乒乓球社团课程框架图

(二) 教学内容

1. 通过观看网络宣传,介绍乒乓球的体育明星,了解中国乒乓健儿在世界体育史上取得的辉煌战绩,让学生了解乒乓球是我国的"国球",增添自身荣誉感和自豪感。

2. 通过组建乒乓社团,让学生在训练活动中掌握专业技术动作,全面提高学生的专业水平。

3. 认真贯彻学校全面推进素质教育的精神,让学生在运动中体验快乐。

4. 坚持面向全体学生,为学校、为社会发展服务,培养出一批具有较高乒乓专业素质和思想素质的体育专业人才。

四 教学策略和方法

结合小学生的身心特点和学习需求，以下是本课程将运用到的具体教学策略和方法。

（一）讲解法

讲解法是乒乓球教学工作中一种运用语言法的最普遍的形式，即教师用语言向学生说明教学的任务、内容、要求、动作名称、动作要领等的教学方法。它在理论教学、思想教育和技术教学中都起着重要的作用。

（二）直观教学法

动作示范目前仍然是教学中教授基本技术的重要教学手段。它以教师具体动作为范例，建立学生对动作形象、结构、要领和方法的正确概念，教师的示范动作是否成功和准确将直接影响教学效果。动作示范有完整示范，也有根据动作结构和教学要求进行的分节示范。

（三）条件诱导法

利用附加装置引导技术动作的方向、幅度和用力方法。如适当升降网高，调整学生击球弧线的高度；在对方球台上放置一物品，提高学生击球的准确性。

（四）口令和指示法

这是在教学中，教师以命令进行的一种语言方式，是有效指挥学生活动的一种方法。一般指在进行准备活动、组织练习或在练习动作时进行要点提示，如"上步""不要抬肘"等。

（五）口头评定法

在教学中教师的简单口头评定，往往能起到鼓舞士气、加强自信心、提高学习兴趣的意外教学效果。在乒乓课教学中，学生经常为掌握动作进行练习而不得要领时，表现出急躁甚至困惑，教师在这时对其动作某一点加以肯定，只简单说出"好的"就会扭转学生暂时的低落情绪，同时也要指出学生动作中存在的缺点和纠正方法。也可用这种方法，对学生在课堂的表现提出口头表扬或批评，这对安定课堂秩序、建立良好的教学环境、提高教学质量都能起到较好的作用和效果。

(六)"默念"和"自我暗示"法

在学习和练习动作中,培养并养成"默念"及"自我暗示"的习惯,对掌握技术要点及纠正错误动作都有积极促进作用。因为语言与肌肉活动感觉有一定联系,无声语言不仅能在头脑中表达动作过程,而且在一定程度上可以表达动作的形象。"默念"是在做动作前默想整个动作过程或动作的某些要点,以便在练习中努力完成动作过程。"自我暗示"是在练习中暗自默念或小声提示在动作中某些不足和习惯性的动作错误,如"不要翻腕""慢啦""用力"等。

(七)模拟练习和辅助性练习法乒乓课教学

教师讲解示范完动作要领后,让学生不上台,或站在球台的击球位置但不击球,握拍进行动作模拟练习,这一练习要保持经常性,每堂课都抽出一定时间进行练习,教师要规定练习次数或时间,如要求必须完成100次或以时间规定为一组,完成三组。在进行练习时,教师随时提示动作的某些错误,到队伍中进行个别纠正,必要时再次讲解、示范,教师也可带领学生一起做。这一练习方法的意图是让学生建立正确的动作概念。

(八)打一板球和自抛自打的练习方法

乒乓球的技术要求是提高连续攻球能力,但学生往往怕攻不到台内,造成思想负担和顾虑,对形成正确技术产生不利影响。因此,设法使学生进行练习时不要怕打出台外或不过网,采用打一板球或自抛自打的练习方法较为适当。如进行正手近台攻球教学时,两人一台进行练习,互给对方高度长短适中的正手位球,只打一板,交替进行,不仅能使之放开动作,也有时间让学生思考和自我纠正错误动作。

(九)一推一攻,对推、对攻练习法

教学进行到一定深度,大多数学生都能基本正确地掌握反手推挡、正手攻球等基本技术,此时就要提高连续打球的能力。

五 评价和成效

(一)评价

评价小学二年级乒乓球社团时,可以从以下几个思路进行。

1. 目标设定:明确社团的目标,比如培养兴趣、技能提升、团队协作等,并根据这

些目标来设定评价标准。

2. 参与度：评价学生参与社团活动的积极程度，包括出勤率、参与活动的热情和积极性。

3. 技能进步：通过定期的技能测试或比赛，评价学生在乒乓球技能方面的进步和成长。

4. 学生反馈：收集学生对社团活动的反馈，了解他们的感受、喜好和建议。

5. 家长意见：听取家长对社团的看法，评价社团活动对学生全面发展的影响。

6. 团队合作：观察学生在团队中的互动和协作情况，评价团队合作精神的培养效果。

7. 比赛成绩：如果社团参加了比赛，可以通过比赛成绩来评价社团的整体水平和学生的竞技状态。

8. 行为习惯：评价学生在社团活动中的行为习惯，如遵守规则、尊重他人等。

9. 身体素质：通过体能测试等方式，评价学生参与社团活动后身体素质的变化。

10. 情感态度：评价学生对乒乓球运动的情感态度，是否能够享受运动带来的乐趣。

11. 综合发展：考察社团活动是否促进了学生在德、智、体等方面的综合发展。

12. 持续改进：基于评价结果，制订改进措施，不断优化社团活动，提高教学和管理质量。

通过这些评价思路，可以全面了解二年级乒乓球社团的运作情况，发现优势和不足，为进一步改进和发展提供依据。

（二）成效

定期的训练使学生掌握了乒乓球的基本技能，如正手攻球、反手推挡、发球和接发球等。因此学生在力量、速度、灵活性和协调性方面也有所提升。

同时，社团活动强化了学生的团队协作能力，学生在训练和比赛中学会了相互配合与支持。乒乓球社团为学生提供了与其他同学交流和互动的平台，有助于提升他们的社交技能。

总体来说，小学二年级乒乓球社团在培养学生兴趣、提高技能、增强身体素质、促进团队合作等方面取得了显著成效，同时也为学生的全面发展和校园文化的建设作出了贡献。

（课程设计者/撰稿者：深圳市坪山区新合实验学校　林钰琳）

课程智慧 Ⅰ 剪纸工坊

课程名称：剪纸工坊

适用年级：小学二至三年级

一 背景与理念

《艺术课程标准》中指出：在艺术教育中，坚持以美育人、以美化人、以美润心、以美培元，引领学生在健康向上的审美实践中感知、体验与理解艺术，逐步提高感受美、欣赏美、表现美、创造美的能力；引导学生树立正确的历史观、民族观、国家观、文化观，增强爱党、爱国、爱社会主义的情感，坚定文化自信，提升人文素养，树立人类命运共同体意识，为实现中华民族伟大复兴而不懈奋斗。以此为背景结合剪纸课程让学生在剪纸课堂中和老师一起感受传统文化，进行艺术体验，培养学生的综合素养。以下是剪纸课程理念的具体阐述。

(一) 弘扬传统文化

学习领会中华民族的剪纸艺术精髓，增强民族文化的自信心与自豪感。教育的本质就是传承文化、创新知识、促进人的发展。我们通过教育传承传统文化，并根据时代的发展和社会的要求选择合适的资源，把优秀的、符合时代的、有生命力的文化传给下一代，同时还要在继承的基础上进行创造，创造具有时代精神的新文化。强调坚持以中华民族传统文化为主体，讲好中国故事，吸收、借鉴人类文明优秀的文化成果。

(二) 注重艺术体验

教师要创设丰富的教学情境，让学生在体验中学习，在学习中成长。以开展博物馆课程、研学课程、学校美育文化项目等课程为切入口，引导学生关注社会、关注生活、关注应用。倡导学生积极参与探究、合作的学习方式，以问题为导向，变被动学习为主动学习。

(三) 体现学科融合

新课程标准强调以各学科为主体，加强与其他艺术的融合，重视艺术与其他学科的联系，充分发挥剪纸艺术协同育人的功能。

设立跨学科主题学习活动，加强学科间相互关联，带动课程综合化实施，强化实践性要求。将美术语言贯穿到每个学习任务中，既体现了不同课型的侧重，又明确了不同课型之间梯度的关联。课程以大单元为结构，注重学科联系，提倡跨学科融合。以此可以看出，跨学科的学习与融合，是美术学科未来发展的趋势。

二 价值和目标

本课程根据《义务教育艺术课程标准（2022年版）》课程理念展开，旨在培养学生的综合素养，坚持以美育人，重视艺术体验，突出课程综合。剪纸课程要培养学生的核心素养，主要包括审美感知、艺术表现、创意实践、文化理解等。具体的素养目标如下（见图2-2）。

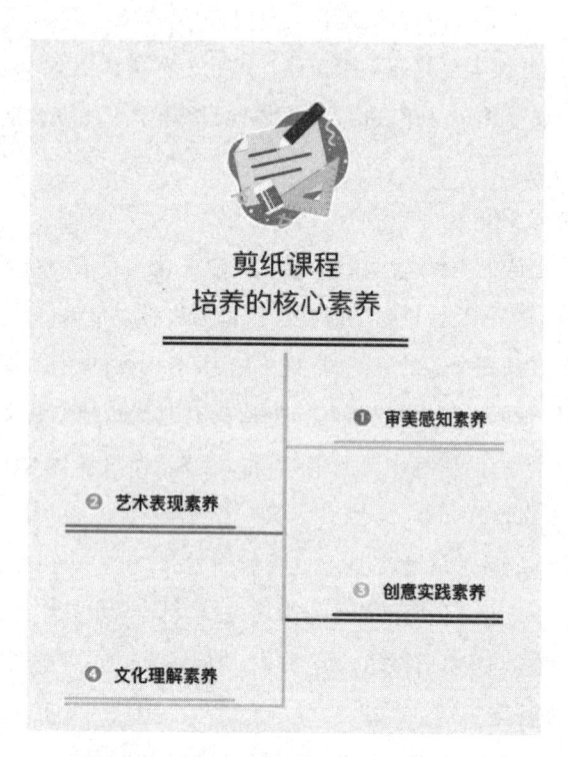

图2-2 剪纸课程培育的核心素养一览图

（一）审美感知素养

通过欣赏剪纸老艺人的优秀作品，潜移默化地培养学生对剪纸艺术这个中国传统民间艺术的审美感知能力，达到对优秀作品的欣赏、理解与运用。

（二）艺术表现素养

在审美感知素养的基础之上，将优秀作品的精髓运用到实际的剪纸创作中，掌握剪纸的方法和步骤。

（三）创意实践素养

能运用简单的手法剪出简单的剪纸作品。将风格内化后能够再加入自己的个人风格及想法创意到作品中。

（四）文化理解素养

在前期的感知、表现、实践的基础之上理解剪纸艺术的文化内涵与魅力，深入了解剪纸艺术的历史与文化；唤起学生对民间剪纸艺术的热爱，学会运用剪纸的基本技法制作剪纸作品，培养学生的创造性思维能力和动手能力；进一步提高对形式美的认识和感知美、创造美的能力，能在实际生活中去发现美、欣赏美、创造美。

三 框架和内容

本剪纸课程的框架内容遵循由易到难、由简单到复杂、由基础到提升的循序渐进的原则，具体框架和内容如表2-1所示。

表2-1 剪纸工坊课程内容框架表

序号	主题	活动内容	课时设置
（一）	剪窗花练习与创作	1. 课堂常规培训 2. 剪纸技能训练：折、画、剪 3. 剪窗花：六角折纸剪 4. 剪窗花：八角折纸剪	5课时
（二）	剪纸练习与创作	1. 对称剪：动物 2. 对称剪：植物	5课时

(续表)

序号	主题	活动内容	课时设置
		3. 装裱与欣赏：装裱书签 4. 装裱与欣赏：欣赏优秀作品	
（三）	剪纸装裱与欣赏	1. 刻纸技能训练：画、刻、贴 2. 刻纸练习：植物 3. 刻纸练习：动物 4. 刻纸练习：创作	5课时
（四）	剪纸布展、评价与总结	1. 装裱与欣赏：装裱画框 2. 装裱与欣赏：欣赏优秀作品 3. 剪纸作品布展 4. 课程评价与总结	5课时

四 策略和方法

本剪纸课程的策略和方法充分考虑了学生的学习背景和兴趣，为学生营造氛围和情境，根据学生基础分层次教学，教学实施的策略和方法框架图如图2-3所示。

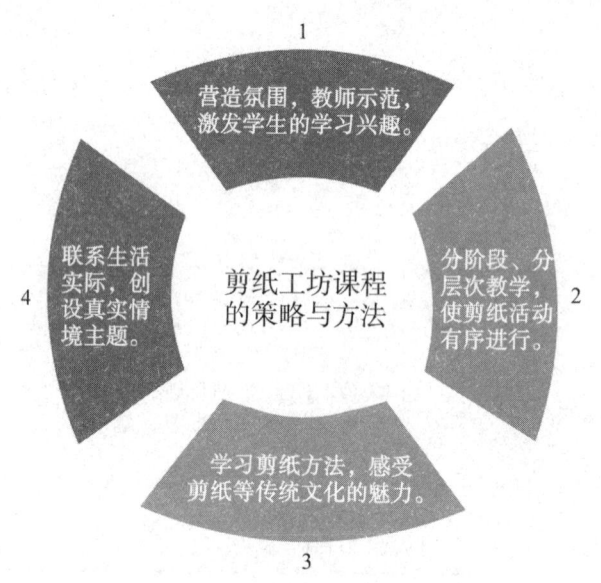

图2-3 剪纸工坊课程的策略与方法

(一) 营造氛围,教师示范,激发学生学习兴趣

都说兴趣是最好的老师,所以要想使剪纸课程可以长期在学校进行下去,培养学生的学习兴趣是关键。剪纸作为一种手脑并用的艺术,其本身便吸引着学生的关注。教师要做的便是将学生的这种关注上升为学习的兴趣并使其长期坚持。此时教师营造学习氛围便显得异常重要,教师可以设置一个剪纸的主题,让学生利用课余时间小组合作收集资料,了解主题的背景、剪纸内容的相关技巧等。营造学习氛围,使剪纸融入学生的日常生活,让学生潜移默化地接受文化熏陶。

在教学过程中,教师除了要营造学习氛围,也要有示范。在课上为学生示范剪纸过程时,无需华丽的语言,也无需精美的PPT,讲台前的现场示范,就可以让学生清楚地了解剪纸的基本技法,有一个更加直观的印象。

非遗剪纸是一门纯手工的制作工艺,所以仅靠欣赏优秀剪纸作品,很难吸引学生,很难激发他们的学习兴趣。因此,在剪纸教学中营造良好的氛围以及教师的示范是必不可少的,教师必须把基本剪纸技法熟记于心,熟练于手,才能进行教学。建议老师们为了我们的学生,为了民间艺术的传承,多多开展有益的活动,营造艺术学习氛围。

(二) 分阶段、分层次教学,使剪纸活动有序进行

在学习剪纸活动时,因为学生年龄段不同,其接受能力也大相径庭,因此这一阶段的教学要注意分阶段、分层次进行。

低年级学生从撕纸开始,随心所欲,自由表达,撕出可爱的花草树木、活泼可爱的小动物,撕出心中所想;再由撕纸过渡到"模仿剪纸为主,创新剪纸为辅"的阶段,通过让学生熟悉剪纸工具、剪纸步骤,来训练学生手眼协调的能力,让学生完成简单的剪纸活动;最后再使学生熟练地使用剪刀,创作出基本的图形。中高年级学生已经受过剪纸课程的基本熏陶,因此剪纸技术比较娴熟,表现形式也很自由奔放,创作的作品灵活多样,十分可爱又不失精致。

剪纸教学从最初的"扶"到后来的"放",循序渐进,逐步提高,学生的作品形象生动,色彩明艳,精细美观,学生将对生活的热爱融入剪纸之中,在艺术实践中自然地传承着传统文化,展示了学生们蓬勃的生命力和对真善美的向往,体现学生的核心素养。

(三) 学习剪纸方法,感受剪纸等传统文化的魅力

学习剪纸不仅是学习剪纸方法,更重要的是了解中华传统文化,传承中华优秀传

统文化,让学生通过学习感受剪纸艺术的魅力,热爱中华文化,从而增强爱国意识,激发民族自尊心和自豪感是课程的情感目标。所以在教学时教师应该设定一个环节,向学生传授剪纸方法,并且给学生时间、空间感受剪纸文化的博大精深和艺术魅力。如教学为什么剪平安扣时,建议教师应从平安扣的名字开始讲起,从名字上看,平安扣即取"平安"之意;又因为没有烦琐的雕琢,表面平滑而外形大小又像扣子,所以得此名。平安扣在我们中国传统文化中代表什么?学生们对这些知识了解甚少。那就应从平安扣的美好寓意讲起:从外形上看,平安扣内外圈呈圆形,符合中国的"中庸之道",因此寓意平安健康、圆满幸福,这是所有人最简单朴素的愿望。对这些文化的讲解无疑是对中华传统文化最直观、最形象的传递。听到这样的文化知识,大多数学生都会带着感情去进行剪纸创作,很多学生说:"老师,这个剪好了能送给别人吗?我想送给我爸爸,希望他永远平安健康。"这不就是润物无声的爱的教育吗?

(四) 联系生活实际,创设真实情境主题

教师可运用自然资源和社会文化资源(如文体活动、节庆、纪念日、建设成就、重大历史事件等)进行美术教学。在教学中,情境主题应尽量指向生活,因为真实性的情境更利于学生投入创作。基于问题的学习,是把学习置于复杂而有意义的问题情境中,通过合作解决真实性问题,学到学科知识,形成解决问题的技能,并形成自主学习能力的教学方式。让学生在设定的真实情境中,自己选择知识点,让"知识、技能"转化为素养和能力。教师要充分挖掘教材与生活的联系,注重教学与学生生活之间的联系。

五 评价和成效

(一) 评价方式

1. 教师评价

教师对学生提交的作品采取鼓励式评价,根据学生在剪纸技法的运用、剪纸作品的表现、完成情况等方面的优点给予肯定,对缺点给予建设性的意见;并分阶段定期在社团集中展示,对学生的作品进行班级内的总评和打分,让学生在评价中知道自己在各个阶段中的表现;并根据评价激励学生不断朝着更高的目标前进。

2. 学生自评

学生上交作品时,先让学生自评,让学生自己说出优缺点,增强学生在学习中的主动性,教师再根据学生的评价,提出更高的要求,此要求必须是学生经过练习之后可以达到的。

3. 家长评价

教师评价与自评结束之后,学生自己选取最优秀的作品,通过"我与作品合影"的方式拍照上传家长群。

(二) 评价标准

合格:了解剪纸的创作步骤,会基本的剪纸技能:折、画、剪、刻、贴;并且课堂习惯良好,能独立完成作品。

良好:在合格的基础之上,能够举一反三、触类旁通,熟练地运用剪纸技法,并能将一定的想法与创意运用到实际的剪纸创作中,能够带领小组完成作品。

优秀:在良好的基础之上,作品有独特的个人风格和想象力,技法熟练,作品风格独特,能够争当课堂的小老师。

(三) 课程成效

本课程以"发扬传统文化精神,体验民间艺术魅力"为单元主题展开教学,结合《义务教育艺术课程标准(2022版)》的要求,以弘扬传统文化、注重艺术体验、体现学科融合为目标,培养学生的审美感知、艺术表现、创意实践、文化理解等核心素养。让二三年级学生通过本课程的学习知道相关的历史、民俗文化知识,培养民族自豪感,学会运用一定的剪纸构图技巧和表现手法,提升观察、动手、审美等综合能力。

(课程设计者/撰稿者:深圳市坪山区新合实验学校 叶采妮)

> 课程智慧 Ⅰ 花样跳绳
>
> 课程名称：花样跳绳
>
> 适用年级：小学二至四年级

一 背景与理念

跳绳运动是我国体育文化中的瑰宝，在我国有着上千年的历史，蕴含着丰富的传统文化内涵和体育精髓。

现今，跳绳是深受小学生喜爱的体育教材内容，经常进行跳绳，对于促进运动器官的发育和内脏机能的发展有重要的作用，尤其能够对发展弹跳力和提高灵敏、协调、速度、耐力等身体素质具有显著的效果。

根据小学生身心特点，花样跳绳将常规跳绳花样化，在传统跳绳的基础上注入体操、舞蹈、艺术等元素。精心编排的各种花样动作，满足了学生们的不同需求，使学生得到全面发展，在学习中体会快乐，在运动中体验成功的同时培养学生的终身体育意识。

二 价值和目标

本课程旨在让小学二至四年级的学生掌握花样跳绳的基本动作和技能，感受花式跳绳的魅力和乐趣，培养对运动的兴趣和尊重。

（一）价值

1. 花样跳绳摒弃了传统跳绳的枯燥乏味，融合了舞蹈、健身操、音乐等时尚元素，更富有吸引力，更让学生欣赏、喜欢，进而愿意参与到这项运动中。学生在练习跳绳中健体愉情，体验美，创造美，把运动美与艺术美完美结合，实现了以绳促育的目的。

2. 花样跳绳可以改善身体形态，提高身体素质，改善身体机能，对学生体质健康起到全面促进的作用。

3. 学生通过花样跳绳,可以锻炼观察、判断能力,提高动作的准确性、协调性,练就强健体魄,培养自身吃苦耐劳、顽强拼搏的意志品质,在"绳"采飞扬的世界中做不一样的自己!

4. 花样跳绳传递着团结、友爱、和谐等价值观念。花样跳绳不仅是一项个人竞技运动,更是一项团队协作运动。在花样跳绳的排练和表演中,需要不同跳绳者之间的密切配合与默契,这也是花样跳绳最值得称赞的地方之一。同时,花样跳绳还强调跳绳者之间的互动和交流,这也是友爱精神的一种体现。

总之,花样跳绳的体育文化价值十分显著,既含有中国传统文化的元素,又融合了现代运动文化的特点,更注重个性化、创新性和团队协作,同时也具有很强的娱乐和健身功能。

(二)目标

1. 了解花样跳绳健身、表演的相关知识,掌握花样跳绳的基本技术,并能在日常锻炼中加以运用。同时提高学生体能、自主锻炼的能力和适应环境的能力,促进其身心全面发展。

2. 掌握跳绳的分级动作,发展灵敏、速度、力量、耐力等身体素质,锻炼学生的协调能力。

3. 培养学生对花样跳绳运动的热爱和尊重。通过合作比赛、表演等培养学生团结协作、积极进取的精神,激发学生热爱体育锻炼的情感,养成不怕苦、不怕累的品质。

4. 传承和发扬花样跳绳这一传统文化和体育运动,加强对花样跳绳的推广和普及,让更多的人了解和喜爱这项运动,更好地发挥其体育文化价值。

三 框架和内容

花样跳绳课程教学要实现从"以教为主"向"以学为主"的真正改变,将过度关注传授知识与技能转变为培养学生的核心素养。具体到花样跳绳教学中,创设真实的比赛情境,将"学、练、赛"一体化应用,潜移默化地提升核心素养。以课程为例,总共16个课时,基础知识与技能为8个课时,技战术使用为4个课时,体能为2个课时,展示与比赛为 2 个课时(见表 2-2)。

表 2-2 花样跳绳内容框架表

序号	主题	活动内容	课时设置
一	基础知识与技能	1. 花样跳绳基础知识 2. 跳绳准备姿势与量绳 3. 单人花样跳绳：左右甩绳、并脚跳、交替脚跳、开合跳、弓步跳、勾脚点地跳、左右跳共 7 个基础动作	8 课时
二	技巧战术运用	1. 2 人花样跳绳 2. 组合花样跳绳：配乐手法与步法变化组合	4 课时
三	体能训练	连续纵跳、曲线变速跑、接力跑、单摇跳绳	2 课时
四	展示与比赛	组合跳绳个人、集体展示、男女生擂台赛、双摇跳计数比赛等	2 课时

四 策略和方法

(一)策略

1. 激发兴趣

设置个人跳绳——自愿组合——重组创新——分组展示的教学环节,既巩固了基础跳法,又激发了学生跳绳的兴趣,学生在竞争中培养了自己不服输的精神。

2. 强化基础

通过拆分讲解和示范,让学生掌握分级动作的要领和注意事项;通过练习分解动作和组合完整动作配乐一起跳,让学生熟练掌握第一级别的七个动作组合和节奏变化;通过纠错和重复练习,让学生改正动作中的错误和不足。

3. 提高能力

通过练习和反馈,让学生提高花样跳绳动作的规范性和熟练度;通过比较和评价,让学生提高对动作的理解和鉴赏能力;通过展示和交流,让学生提高展示自身风采的自信。

4. 培养品德

花样跳绳鼓励学生创新，大胆展示不一样的自己。此外，跳绳是注重团队协作的运动，通过活动等提高团结、协作、竞争以及群体意识和集体荣誉感，使学生得到全面发展，在学习中体会快乐，在运动中体验成功，同时培养学生的终身体育意识。

(二) 方法

花样跳绳对小学生而言存在一定难度。首先，花样跳绳与普通跳绳相比，对学生应变能力及身体协调性的要求更高；其次，普通跳绳是花样跳绳的基础，要想更好地掌握花样跳绳，必须先掌握普通跳绳技巧；最后，花样跳绳的重点是花样，对学生创新能力的要求会有所提高。因此，教师应合理设计训练活动，既得在小学生身体素质及思维能力接受范围内，又得突出花样跳绳的娱乐性和创新性，以树立学生终身体育锻炼的意识(见图2-4)。

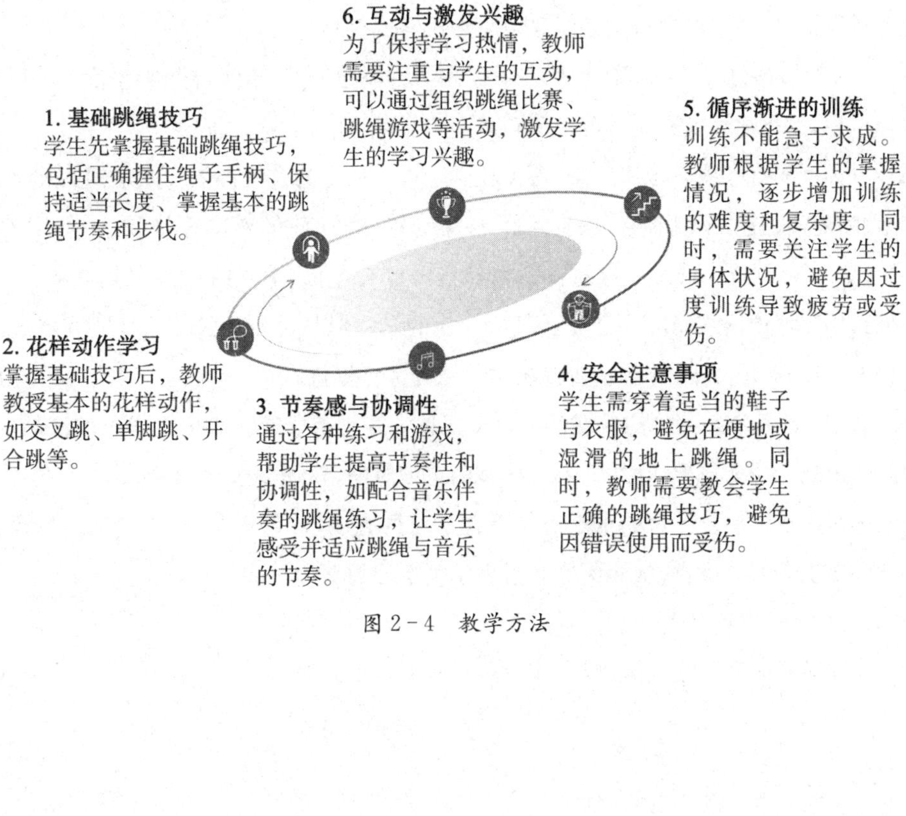

1. 基础跳绳技巧
学生先掌握基础跳绳技巧，包括正确握住绳子手柄、保持适当长度、掌握基本的跳绳节奏和步伐。

2. 花样动作学习
掌握基础技巧后，教师教授基本的花样动作，如交叉跳、单脚跳、开合跳等。

3. 节奏感与协调性
通过各种练习和游戏，帮助学生提高节奏性和协调性，如配合音乐伴奏的跳绳练习，让学生感受并适应跳绳与音乐的节奏。

4. 安全注意事项
学生需穿着适当的鞋子与衣服，避免在硬地或湿滑的地上跳绳。同时，教师需要教会学生正确的跳绳技巧，避免因错误使用而受伤。

5. 循序渐进的训练
训练不能急于求成。教师根据学生的掌握情况，逐步增加训练的难度和复杂度。同时，需要关注学生的身体状况，避免因过度训练导致疲劳或受伤。

6. 互动与激发兴趣
为了保持学习热情，教师需要注重与学生的互动，可以通过组织跳绳比赛、跳绳游戏等活动，激发学生的学习兴趣。

图2-4 教学方法

五 评价和成效

（一）评价体系

1. 评价原则

在实施课程自我评价时，要注重教学过程评价，使之成为学生一种积极愉悦的情感体验，在传授技能的同时，要关注每一位学生在课堂上是兴高采烈还是冷漠呆滞？是其乐融融还是愁眉苦脸？伴随着知识技能的获得，学生对该课程的学习是越来越积极还是越来越消极？这些都能充分了解学生对本学科的兴趣和学习能力水平，使学生在关怀中学到知识，受到教育，在愉悦中得到成长。

2. 评价策略

（1）适时的教师评价。基本教学的开始阶段，教师应让学生有更多的时间去体验跳绳练习的兴趣。教师从学生的学习中，观察、分析学生存在的问题，在教学的后半段进行适当评价，过早的评价会使学生的学习兴趣受到压抑。

（2）学习评价方式的程序操作。根据先学后教的理念，单元初期的评价主要是由老师承担，而教师评价更大程度上是正确引导学习，此时教师评价相对多一些，而学生的学习评价相对少些。学习后期，逐渐让学生进行一定的自我评价和同学间的相互评价，教师还放手让学生们进行自我评价、生生评价、组内评价、组间评价等。

（3）评价方式。评价的方式包括教师自己口头评价、学生的口头相互评价、学习小组和相互评价、教师教学后记的评价、学生的学习成长记录评价等方面。在实施的过程中，可采取积分卡、评价量表等教学小工具进行评价。

（4）评价内容。评价的发展性内容根据教学发展有所变化。单元学习的开始，学生的知识技能还未成熟，是从学习到熟练的定型时期，教师多指导，不要让学生在泛化期中过多接受评价。评价的重点应侧重在学习的态度、行为上，应以激励和表扬语言来肯定学生学习的优点，从而更好地提高学生学习的兴趣与情趣。

（二）课程成效

花样跳绳的课程成效显著，主要表现在以下几个方面。

1. 提高身体素质

花样跳绳是一项全身性的运动,能够锻炼学生的心肺功能、协调性和灵敏性。通过不断跳跃和变换动作,学生的肌肉力量、耐力和柔韧性都会得到显著提高。长期进行花样跳绳训练,能有效提升学生的身体素质,为他们的健康成长奠定坚实基础。

2. 培养节奏感与协调性

花样跳绳需要学生在跳绳的过程中不断变换动作和节奏,这对他们的节奏感和协调性提出了很高的要求。通过反复练习,学生能够逐渐掌握跳绳的节奏和技巧,从而提高自己的协调性和平衡能力。这种训练对于提高学生的运动表现和运动技能具有重要的促进作用。

3. 激发学习兴趣和创造力

花样跳绳课程的内容丰富多样,具有很强的趣味性和创新性。通过学习和掌握不同的跳绳动作与组合方式,学生能够充分发挥自己的想象力和创造力,创造出更多有趣的花样跳绳动作。这种学习方式不仅激发了学生的学习兴趣,还培养了他们的创新思维和实践能力。

4. 增强团队意识和合作精神

在花样跳绳的团体表演和比赛中,学生需要相互配合、协作完成动作。通过团队合作,学生能够增强自己的团队意识和合作精神,学会与他人沟通和协作。这对于培养学生的社会适应能力和人际交往能力具有重要意义。

5. 培养意志品质和自信心

花样跳绳课程需要学生付出一定的努力和汗水才能取得良好的成效。在训练过程中,学生能够逐渐克服自己的困难和挑战,培养坚韧不拔的意志品质和自信心。这种品质将伴随学生一生,为他们的未来发展提供强大的精神支持。

综上所述,花样跳绳课程具有显著的成效,不仅能够提高学生的身体素质和运动技能,还能够激发他们的学习兴趣和创造力,培养团队意识与合作精神,塑造坚韧不拔的意志品质和自信心。这些成效将为学生的全面发展奠定坚实基础。

(课程设计者/撰稿者:深圳市坪山区新合实验学校　白溪琨)

课程智慧 I 创想材料画

课程名称：创想材料画

适用年级：小学二至六年级

一　背景与理念

（一）落实核心素养，符合艺术新课程标准的要求

最新颁布的《义务教育艺术课程标准(2022年版)》与2001年和2011年颁布的《义务教育艺术课程标准》不同之处在于：注重核心素养在课程中的体现，通过课程的学习逐步形成适应个人终身发展需要的正确价值观、必备品格和关键能力。通过课程中的"审美感知、艺术表现、创意实践、文化理解"核心素养，让学生在艺术的世界中求真、崇善、尚美。"创想材料画"是一种利用不同材料将传统的二维平面绘画利用立体思维和创造想象来转化为三维立体的绘画，"创想材料画"还是一种可以结合各种材料进行构建、重组、创造来陈列的一种新的艺术表现形式。"创想材料画"课程能让学生更好地学习和了解材料艺术，激发创新思维和提升逻辑思维能力。

此外，新艺术课程标准中还指出学段的目标，其中小学低学段中"造型·美术"目标要求能使用不同的工具、材料和媒介，按照自己的想法，以平面、立体或动态等表现形式表达所见、所闻、所感、所想。"创想材料画"体现了科学与艺术的结合，同时赋予装置艺术的想象，在小学美术教育中有一定的实验性和先锋性，具有极高的艺术研究价值，且非常契合义务教育阶段艺术新课程标准的需求。

（二）立足艺术，践行新时代以美育人

"创想材料画"课程是以新的课程理念来设计课程，如本课程适应小学低学段的发展需求，采用分段式或者项目式学习的方式，以任务驱动的方式遴选和组织课程内容，调动学生对于学习的兴趣，并且有机融入其他学科的艺术，使学生掌握更加全面的艺术基础和基本技能，立足艺术的根本，调动学生对于艺术学习的积极性，践行新时代以美育人的目标,追求精神高度、文化内涵、艺术价值的统一。可见此次课程研究的可行性。

二 价值和目标

结合《义务教育艺术课程标准》,以聚焦核心素养、组织课程内容为导向,进行大单元创想材料画课程教学设计,明确课程目标,丰富课程内容,拓宽学习方式,开发特色活动,融入新奇元素,建立评价体系,从而形成独具特色的"创想材料画"校本课程。

(一) 明确课程目标

课程目标是影响整体课程框架构建及其发展方向的关键因素,对课程框架的成功建设至关重要。依据学校的实际教学情况和课程实施难度,教学目标被划分为总目标和学段目标两大类。课程的总目标旨在通过材料艺术学习,让学生全面了解"材料画",从欣赏开始,逐步学习动手制作与创意实践,结合创意画和装置材料,创作出有趣且富有创造性的艺术作品。通过这个课程,旨在促进学生美术核心素养的提升,以及学生的全面发展。学段目标则是在总目标的指导下,充分利用材料艺术的教学价值和特点,考虑不同年龄段学生的身心发展规律和特性,从学生的实际出发点,依照"审美感知""艺术表现""创意实践""文化理解"这四大美术核心素养,制定初中高学段的具体目标,并对不同学段的学生应用不同的评价标准。年级目标进一步细化,基于学段目标原则,为每个班级的学年设定更为具体且精细的目标,以便教师能够更科学、精准地掌握教学目标。通过对总目标、学段目标及年级目标的综合规划,有效把握课程建设方法,增强"创想材料画"课程教学的有效性。

(二) 构建课程的方向性

针对"创想材料画"课程,总目标聚焦于学习"创意画"和"材料"艺术,借鉴艺术家如巴里·哈扎德(Barry Hazard)的立体画作品(见图 2-5)及琼·克雷斯波(June Crespo)的装置艺术作品(见图 2-6),通过艺术鉴赏入门,全面认识材料画艺术和装置艺术。随着课程的深入,学生将学会动手制作和创意实践,将材料画艺术与装置艺术结合,创作出既有趣又富有生命力的艺术作品。通过这种创新性的平面绘画实践,增强学生的美术核心素养,促进其全面发展。学段目标围绕总目标,深挖"材料艺术"的教学价值和特性，根据不同年龄段学生的发展需求，采用适宜的评价方法和标准，精细化管理教学过程，确保课程目标的有效实施。

图 2-5　艺术家巴里·哈扎德(Barry Hazard)立体画作品

图 2-6　艺术家琼·克雷斯波(June Crespo)装置艺术作品

三 框架和内容

课程内容的设置是依据《义务教育艺术课程标准(2022年版)》中的美术学科课程内容"欣赏·评述""造型·表现""设计·应用"和"综合·探索"的四类艺术实践,将创意材料艺术资源进行整合,构建四个单元创想材料画课程——"创意画、装置艺术欣赏专题课""材料画动手实践课""材料与绘画实践课"以及"材料装置设计课"。"创意画、装置艺术欣赏专题课"这一模块主要包括对材料艺术和装置艺术的历史渊源、材料艺术作品欣赏、创意材料欣赏等知识的学习,将手工与历史融入美术课,让学生了解材料和装置艺术的内涵,作好基础理论的铺垫(见图2-7)。"材料画动手实践课"这一单元主要是教学生如何动手实践制作创想材料画装置,先对学生进行"材料基础课"练习以及"图层"练习,改变以往对于传统二维平面的认识,建立一定的造型基础之后,再进行完成小画制作的步骤讲解,让学生通过系统的课程,掌握制作小画的方法以及培养设计出各种不同层次的能力,初识什么是空间,什么是材料。"材料与绘画实践课"这一单元主要是通过视觉、触觉让学生体验材料的不同,并能用不同材料组合出具有差异感受和差异视觉的搭配,让学生感知艺术材料的多样性和可能性,激发学生的学习兴趣。"材料装置设计课"这一单元以主题创作为主,让每个学生选择自己喜欢的主题进行创意材料创作,构建不同的作品风格。

图2-7 赏析立体书案例

"创意材料"将手工、科学、语文以及美术相融合,通过几个单元式的课程,层层递进，在对创意材料艺术传承的基础上，进行融合创新，丰富课程的内涵，将有趣的平面画变成可以拆、可以动的创想材料画作品，感受色彩和空间的魅力。

新课标下的美术教学是以核心素养为主体的教学，创想材料画课程应渗透人文、实践交融、审美的创新教育理念，为此，学校利用常规美术课堂、美术社团、美术活动等形式开展多样化的创想材料画学习。此外，在实践过程中还采用不同的学习方式，凸显学生的主体性。一是注重实践，让学生感受制作材料画时体验不同图层的制作乐趣，并在丰富多样的图层中找出合适的图层进行搭配和组合，通过尝试用不同材料作载体，制作材料画，激发学生的学习兴趣。二是采用小组合作的学习模式，在教学中以小组为单位，引导学生通过团队合作、互相交流探索，体会创想材料画的制作与搭建材料画和制作不同图层的乐趣，从而培养学生团队协作的意识和锻炼学生的立体空间思维能力。三是创新实践，鼓励学生对材料进行改造和创新，自行设计和搭建一些新奇造型的材料画作品（见图2-8）。通过多种学习方式，凸显学生的主体性，让学生敢于尝试，勇于创新，从而激发学生无尽的创造力，促进学生对创想材料画装置艺术的兴趣。

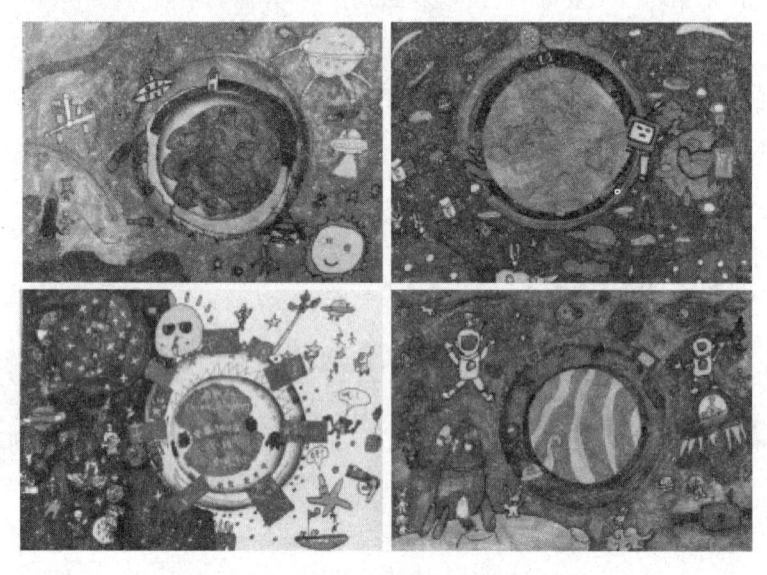

图2-8 "创想材料画"课程学生作品

四　策略和方法

　　学习"创想材料画"课程能帮助中小学生突破传统的二维平面绘画的思维局限,培养他们从2D平面图像构建立体效果的能力。此课程通过设计各种特色活动,比如寓教于乐的立体小游戏,缩短了学生与材料画之间的距离,提高了学习的趣味性。开展特色活动前,需先详细规划社团的课程内容和活动,引导学生创作出大量优秀的材料画作品。在此过程中融入小游戏,让学生既能体会到绘画艺术的专业性,又能感受到乐趣,从而将社团活动从局部扩散到全校乃至周边区域,扩大材料画艺术的影响力。

　　课程单元结束时,应组织并策划各种形式的艺术展览,例如举办"优秀作品展"来展示社团学生的杰出作品(见图2-9)。通过校园展览丰富校园艺术生活,增强学生学习材料画的兴趣,让他们感到自豪和认同,同时营造浓厚的艺术氛围。引导和激发学生的创造力是美术教育的核心任务,而发展创造力必须从教育实践着手。"创想材料画"课程致力于将传统的平面二维绘画思维转化为三维材料创作的新形式,这一转变是本人在艺术教育研究中的重点。通过探索"创想材料画"的艺术价值,并结合学生的思维特性,赋予"创想材料画"新的艺术内涵。课程的构建围绕六个主要方面展开:课程总目标的设定、课程内容的安排、学习方式的创新、创新元素的融入、特色活动的开

图2-9　作品部分展示

展以及评价体系的建立。在实施过程中,通过明确的课程建设方法和具体目标来增强教学的有效性;在课程内容方面,通过跨学科的融合创新,并以过程性评价、阶段性评价、总结性评价、表现性评价为导向,采用新型材料进行"创想材料画"的制作。学生被鼓励以主题为中心进行创作,这不仅凸显了学生的自主性,而且努力构建一个以学生为本、符合艺术教育新标准的"创想材料画"课程,实现以美育人的新时代目标。

五 评价与成效

评价是衡量学生学习成果的关键标准之一,一个有效的评价体系能够促进学生的成长。采用多样化的评价标准,以全面多角度的方法对学生进行分层次的教育评估是非常重要的。在"创想材料画"课程的评价体系中,主要通过以下四个维度进行:过程性评价、阶段性评价、总结性评价和表现性评价。过程性评价着重于学生在整个学习过程中的体验和认识,而非仅仅是最终结果,强调的是学习过程本身对学生终身学习态度的影响。通过因材施教,实施分层次的评价,以促进学生的个性化学习。阶段性评价则是基于学生在课程各个阶段的表现,包括课程初期、中期和后期的评价,通过不同时间点的反馈,帮助学生及时调整学习策略。在小学学段设立美术社团,旨在培养学生的艺术素养和创造力。对美术社团的阶段性评价和实施策略,可以分为初期、中期和后期三个阶段进行详细规划。

初期阶段:观察学生对美术活动的兴趣和热情,重视学生的自发参与程度。评估学生对基本美术知识和技能的掌握,如色彩认知、简单的画技方法等。实施策略上可组织趣味性强的美术活动,如主题绘画、手工制作等,以激发学生的兴趣。开展基础技能工作坊,让学生通过实践了解各种画材的使用方法和基本绘画技巧。

中期阶段:关注学生在美术技能上的进步,包括线条、色彩的运用以及构图能力。评估学生在创作过程中的创新能力和解决问题的能力。实施策略上可以提供更多样化的材料和工具,鼓励学生尝试多种绘画和制作技术。举办主题创作活动,引导学生从生活中获取灵感,自主选择主题和材料,进行创作。

后期阶段:评价学生是否开始形成自己独特的艺术风格和表达方式。进行作品展示,考查学生能否自信地展示自己的作品,并对自己的作品进行简单的说明和评价。

实施策略上鼓励学生深入探索一个特定的艺术领域或技术,如水彩画、雕塑等,帮助他们发展个性化的表达方式。定期举办美术作品展,提供一个平台让学生展示自己的作品,并接受校内外观众的反馈。

通过上述策略,美术社团不仅可以帮助学生系统地学习美术知识和技能,更重要的是引导他们在创造和表达上不断进步,最终能够自信地展示自己的艺术成就。这样的阶段性评价和实施策略,有助于全面提升小学生在美术领域的综合素质。总结性评价侧重于学期末的综合评估,如素质测评和期末作品展示,以反映学生一个学期内的总体表现和学习成果。而表现性评价则关注学生日常的课堂表现,如听课专注度、参与度和作业完成情况,进行综合性评估。通过这四个评价维度的综合应用,可以使对学生的评价更加科学和客观,让学生深入了解并准确掌握学习方向,提高自我反思的水平和能力,促进学生的自我完善。该课程促进了学生对新型绘画形式的学习,并提升了他们的核心素养。通过前期的教育实践,该课程已经取得了初步成果。在未来的教育教学中,将继续完善"创想材料画"课程体系,丰富和深化相关理论知识,并结合实践活动,让"创想材料画"艺术在校园中绚烂开放,进一步促进学生的全面发展。

(课程设计者/撰稿者:深圳市坪山区新合实验学校　刘伟)

第三章
大规模因材施教的课程框架

　　课程框架的建构需要把握学习者多维度学习需求之间的关系,特别要把握国家课程的刚性需求、团体兴趣的普遍需求和个体特定的学习需求之间的关系。确立大规模因材施教的课程框架要基于对学校课程实质结构的深刻理解,把握学校课程的横向分类与纵向布局。

《义务教育课程方案(2022年版)》提出要"落实因材施教"。① 因材施教的关键是：明确"材"的实质是差异与多元，"差异"是天然且可贵的，"材"的多元必须得到教育的回应，受教育者的个体差异必须得到可以匹配的教育。② 如何确立大规模因材施教的课程框架呢？我们认为，课程框架的建构需要把握学习者多维度学习需求之间的关系，特别要把握国家课程的刚性需求、团体兴趣的普遍需求和个体特定的学习需求之间的关系。

第一，要把握国家课程的刚性要求，我们将此定位为刚需课程。根据国家基础课程安排，结合《义务教育课程方案(2022年版)》，学校同步调整优化课程设置，落实艺术课程设置的改革，将劳动、信息科技课程独立出来，科学、综合实践活动起始年级提前至一年级。学校设置基于人文基础和科学素养的星基课程，即安排到日常教学课表里的国家教育部门统一规定的课程、自主阅读课、答疑辅导课等。

第二，要把握团体兴趣的普遍需求，我们将此定位为普需课程。有学者提出现代学校课程的实质结构包括自我发展课程、人格课程、情感课程、知识课程和实践课程，以自我发展课程为灵魂，以人格课程、情感课程、知识课程和实践课程为载体，反映"重视学生发展的全面性、重视经验在课程中的作用"的价值取向。③ 我校秉持"让每一颗星星都绽放光彩"的育人理念，大规模因材施教的课程普及与个性共存，具有多元化、全面化、普及化的特质，包括基于身心健康和道德行动的星德课程，如魅力毽球、"绳"采飞扬、乒乓小将、绿茵小将(均为小学64课时/学年和初中32课时/学年)、金剪刀剪纸社(小学64课时/学年)等社团兴趣课；基于科创思维和创新实践的星创课程，如妙趣数学、科创小能手(均为小学64课时/学年)、机器人社(小学64课时/学年和初中32课时/学年)等社团兴趣课；基于审美志趣和生活追求的星美课程，如小小书法家、彩泥乐园(均为小学64课时/学年)、创意水墨画(初中32课时/学年)、星彩中国舞(小学64课时/学年和初中32课时/学年)等社团兴趣课；基于家国情怀和国际视野的星耀课程，如诗经乐、国学诵读社(均为小学64课时/学年)、经典英文电影赏析(初中32课时/学年)等社团兴趣课。结合大规模因材施教的课程资源、课程门类、师资优势，学校

---

① 中华人民共和国教育部.义务教育课程方案(2022年版)[M].北京：北京师范大学出版社，2022.
② 崔允漷，等.新课程关键词[M].北京：教育科学出版社，2023(10)：129—139.
③ 冯国文.构建现代学校课程结构模式[J].课程·教材·教法，1999(5)：6—9.

按照学生的年龄特点、知识水平,对课程内容进行系统构建,学生根据学习兴趣和发展需求自主选择。在兴趣的基础上,我们也开设了更加系统性、专业化的课程,充分发挥了九年一贯制学校连贯性的教育优势。

第三,要把握个体特定的学习需求,我们将此定位为特需课程。因材施教,是要避免把学生统一化,让学生能够在个性自由的基础上变成更好的自己,而不是削足适履,让学生在固定模式下成长。[1] 根据多元智能理论,基于大规模因材施教的教育哲学、办学理念、课程理念以及课程目标,我们形成了富有自己特色的大规模因材施教的课程框架,多维度推进大规模因材施教课程的深度实施。因材施教的个性发展要求我们根据学生的发展阶段性、学段连续性和层次性设置与组织课程内容。随着身心的发展、学段的上升,学生会发展出一些不同的特性。对此,课程内容的组织就需要安排合理的梯度,做好衔接以适应学生的发展变化。

课程实质结构反映着课程的内在价值取向,是对课程的深层理解,决定着课程的形式结构,包括实质性构成要素及其关系;课程形式结构主要包括课程类别和不同类别之间的关系。[2] 由此,我们需要进一步按照年级和学期进行课程设置,以形成整体性的大规模因材施教的课程框架。我们根据课程特点,在尊重学生认知规律和课程内容由易到难、由浅入深、循序渐进原则的基础上,力争系统科学地设置各年级的课程。课程框架既兼顾义务教育阶段对学科教学的要求,又通过拓展性课程、探究性课程去激活每一个学生的潜能,培养具备综合素养的人才,实现大规模因材施教。

当然,确立大规模因材施教的课程框架要基于对学校课程实质结构的深刻理解,把握学校课程的横向分类与纵向布局。我们确立大规模因材施教的课程框架,既从宏观、中观和微观三个层次关注学校的课程,也关注学校课程的实质结构与形式结构,基于特定的逻辑对学校课程进行合理的分类,做到不重复、不交叉、不脱节,进而做到大规模。规模化是时代发展的必然产物,学校外接社会,内连课堂,有足够且适宜的条件来调动、使用技术资源以促进因材施教。

(撰稿者:深圳市坪山区新合实验学校　谢焕旺)

---

[1] 冯国文.构建现代学校课程结构模式[J].课程·教材·教法,1999(5):6—9.
[2] 褚洪启,邢卫国.促进课程一体化的10种模式[J].学科教育,1992(3):37—40.

> **课程智慧 I　从影视剧中赏析诗词**
>
> 课程名称：走进《长安三万里》
> 适用年级：小学四至六年级

一 背景与理念

《义务教育课程方案（2022年版）》明确提出阅读表现人与自然的优秀文学作品，包括古诗文名篇，体会作者通过语言和形象构建的艺术世界，借鉴其中的写作手法，表达自己对自然的观察和思考，抒发自己的情感。在落实阅读教学时应注重理解中华优秀传统文化蕴含的核心思想理念、中华民族的人文精神和传统美德，表达自己的民族归属感和自豪感。

二 价值和目标

通过引导学生理解电影《长安三万里》中出现的古诗词的意义、写作背景和诗人的生平经历，鼓励学生思考并尝试分析诗词里的中国式浪漫，同时通过动手实践，将中国式浪漫展现于纸上，培养学生的创新意识和实践能力。课程设计整合了语文、美术、音乐等学科的知识，提升学生的综合素养。关注学生的表达能力、理解能力和创新能力的培养，有助于让学生在赏析电影《长安三万里》的同时，体会诗词里的中国式浪漫，传播中国诗词文化。

学生能够流利朗读《长安三万里》中的古诗词，理解古诗词的含义。通过学习诗句，学生了解唐朝的历史文化以及其兴衰变化过程。学生能通过小组合作等方式吟诵古诗，用思维导图、手抄报和手工作品展现自己的所思所想，掌握鉴赏古诗词的能力。学生能从电影《长安三万里》中体会中国古诗词文化的发展，培养自身的爱国情怀和珍惜友谊的美好品质，借中国式浪漫抒发自己的家国情怀，体现自身的修养和树立情感价值观。

三 框架和内容

（一）课程框架

中国式浪漫是根植在中华民族精神里的认同感,源于五千年文明的涓涓滋养。只要我们轻轻地翻开一页历史书,磅礴大气的浪漫之美会瞬间将我们包围。本课程以走进电影《长安三万里》为背景,以古诗词知识为依托,以跨学科学习为学习方式,侧重引导学生理解古诗词意义,感受诗人与理想的距离,感受中国文化的魅力,体会中国式浪漫。

本课程以《长安三万里》中大诗人李白、高适相知相交的往事和情谊,以及诗人生平与国家命运之间的交错为背景,进行古诗词知识的学习与了解,以项目式学习的形式让学生理解古诗词并于电影中感受大唐的盛世风采,又通过吟诵古诗、设计长安城建筑、拍摄长安微短剧等方式唤起学生刻在血脉中的中国式的极致浪漫！基于创设"穿越时空,我与诗人有个约会"等情境,以"诗人的豪情壮志体现在哪些方面？"等问题为驱动,引导学生主动思考、分析问题和创新创造,并且循序渐进地完成古诗词知识的学习。

根据课程实际安排,本课程计划课程时长 15 课时(见表 3-1)。

表 3-1 课时安排

	项目名称	时间安排	预期成果形式
课程安排	1. 天生我材必有用,千金散尽还复来	3 课时	吟诵古诗词
	2. 大鹏一日同风起,扶摇直上九万里	2 课时	创意思维导图
	3. 长风破浪会有时,直挂云帆济沧海	2 课时	观影记录卡
	4. 莫愁前路无知己,天下谁人不识君	2 课时	拾墨生花
	5. 两岸猿声啼不住,轻舟已过万重山	3 课时	演绎微视频
	6. 仰天大笑出门去,我辈岂是蓬蒿人	3 课时	源创长安城

(二) 课程内容

本课程内容的设计充分考虑学生的学习背景和兴趣,结合跨学科学习的方式,围绕电影《长安三万里》展开,实施内容框架图如下(见图3-1)。

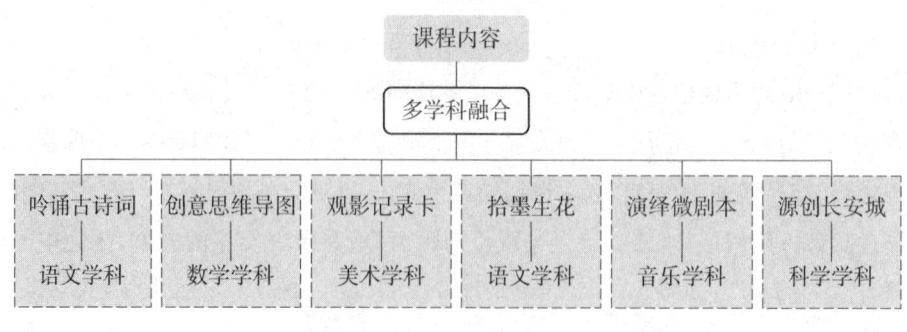

图3-1 课程框架图

1. 天生我材必有用,千金散尽还复来——吟诵古诗词

雅言传承文明,经典浸润人生;吟诵彰显魅力,积累陶冶性情。唐朝诗人们的经典著作,将一个个有思想的文字流入心底,再用如清风明月般的声音将心底里的情绪悄然唤起。吟诵是一种深思,一次缅怀,一番洗礼,学生都能透过诗词的印痕,站在岁月的肩膀上远眺,赓续传统经典文化的精神血脉,努力在当下这个时代破土而出,倾情怒放!

2. 大鹏一日同风起,扶摇直上九万里——创意思维导图

《长安三万里》将盛唐最耀眼的文化群星拉到台上开唱,揭开了那个时代流光溢彩的冰山一角。电影里的人物关系像天女散花一样,让人眼花缭乱,互相织出一张独属于本故事的关系网。因此利用思维导图画出诗人的生平、代表作和历史评价,可以巧妙地读懂背后的情节。

3. 长风破浪会有时,直挂云帆济沧海——观影记录卡

读书能开拓眼界、增长见识,提高自身涵养,而一部好的影片不仅仅是一场视觉盛宴,还能带给我们快乐,让我们学会思考,让我们更真实地感知这个世界的喜怒哀乐、人生百态。看过《长安三万里》之后,学生有的感慨万千,有的心潮澎湃,有的泪流不已……学生可以用观影记录卡记录自己的所思所想(见图3-2)。

图3-2 学生观看电影《长安三万里》(照片由学校提供)

4. 莫愁前路无知己,天下谁人不识君——拾墨生花

中国式浪漫还体现在传承和发扬中国书法上,书法蕴含着丰富的精神内涵、深厚的文化底蕴、全面的技能因素;书法可以提高学生的综合素质与能力,培养学生优秀的人文精神与良好的道德品质。它是中华民族的"民魂国宝",它历史悠久,源远流长。了解唐朝的历史文化,誊写古诗,激发学生对祖国灿烂文化和语言文字的热爱之情,进一步引起学生对书写的高度重视,培养正确的书写习惯(见图3-3、3-4)。

图3-3 学生展示书法作品　　图3-4 学生书法作品

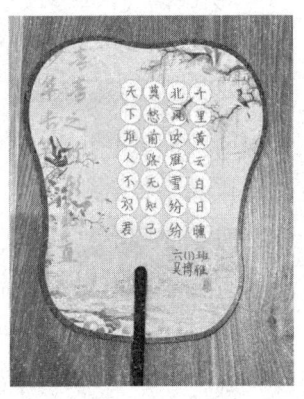

5. 两岸猿声啼不住，轻舟已过万重山——演绎微视频

学生在光影灵动中学习经典古诗词，品味语言，探索声音的魅力，通过模仿《长安三万里》中《将进酒》和《黄鹤楼》的经典片段及DIY创意配音，将经典角色、经典对白进行线上展示，完成团队合作的精彩微视频作品。

6. 仰天大笑出门去，我辈岂是蓬蒿人——源创长安城

通过"手脑结合"的学习方式，动手搭建或绘画长安城，将唐朝的盛世景象跃然于纸上，用立体的形式展现在眼前，更好地了解唐朝时期的历史文化，提升学生的历史和科学素养、创新精神和实践能力，引导学生探索历史和科学知识，不断提高历史、科学和思想道德素质。

四 策略和方法

(一) 课程实施从跨学科学习出发

跨学科学习是指基于课程标准，以小组合作方式对真实问题进行探究，从而获得学科知识的核心概念和原理，发展创新意识和一定学科能力的教学活动。在此次学习过程中，老师主动引导学生进入特定的古诗词教学情境。以小组集体合作为前提，组内学生根据各自不同的知识阅读储备和情境感知能力自行组织语言，深入思考相关驱动问题并创作本次项目式学习的最终展现成果。在整个跨学科学习的过程中，这些学生既学到了系统性的古诗词基本知识，其语言交际能力、阅读能力、思考能力、协作能力和发散性思维等也都得到了非常好的锻炼、发展和提升。

(二) 教学策略从两个方面入手

1. 跨学科学习：以"诗人的壮志豪情体现在哪些方面？"为问题出发点，让学生在解决问题的过程中，综合运用多种知识和技能。通过小组协作，培养学生的团队合作和沟通能力，同时提高学生的创新思维和实践能力。

2. 情境式学习：以"穿越唐朝，我与诗人有个约会"为情境，学生通过自主探究，发现和解决问题。这有助于激发学生的学习兴趣和好奇心，培养其批判性思维和创新能力。

（三）学习方式从三个方面培养

1. 自主学习：学生需具备一定的自我学习能力，如古诗词的背诵能力、吟唱能力等。在教师的指导下，学生应自主研究问题，对新知识进行归纳总结。

2. 合作学习：学生可在小组内进行交流讨论，如何搭建长安城？如何更好地绘画思维导图等，共同解决学习中遇到的问题。通过合作，培养学生沟通协作的能力，提高其批判性思维和创造性思维。

3. 反思性学习：学生应对自己的学习过程和学习成果进行审视、总结和反思，及时发现问题并进行改进。这有助于培养学生的自主学习能力和创新思维能力。

五 评价和成效

本课程评价内容要以学生的核心素养为基点，注重过程性评价与结果性评价相结合，明确评价方式和评价方法，设定合理的评价量表，以便学生能够更好地掌握知识，培养出具备责任感和反思能力的学习者与研究者（见表3-2）。

表3-2 评价量表

评价维度		评价内容	自我评价	同伴评价	家长评价
过程性评价	参与度	在规定的时间内完成相应的任务	☆☆☆☆☆	☆☆☆☆☆	☆☆☆☆☆
		自信大方地表达自己的想法，具有创造性思维	☆☆☆☆☆	☆☆☆☆☆	☆☆☆☆☆
		在小组里主动发言，耐心听取他人的建议，积极参与小组合作	☆☆☆☆☆	☆☆☆☆☆	☆☆☆☆☆
	知识理解与运用	理解古诗的相关知识，能流利地向他人转述所学知识	☆☆☆☆☆	☆☆☆☆☆	☆☆☆☆☆
		将所学的古诗词知识和语文学科知识运用到生活实践中	☆☆☆☆☆	☆☆☆☆☆	☆☆☆☆☆
	技能发展	与队员紧密合作，主动分享自己的想法	☆☆☆☆☆	☆☆☆☆☆	☆☆☆☆☆
		对复杂的问题提出自己的解决方案	☆☆☆☆☆	☆☆☆☆☆	☆☆☆☆☆

(续表)

评价维度	评价内容	自我评价	同伴评价	家长评价
创新思维	用创新的方法制作完成自己的作品	☆☆☆☆☆	☆☆☆☆☆	☆☆☆☆☆
	用新颖的思维解决实施过程中出现的问题	☆☆☆☆☆	☆☆☆☆☆	☆☆☆☆☆
	能提出与众不同的想法	☆☆☆☆☆	☆☆☆☆☆	☆☆☆☆☆
任务完成情况	可以完整地完成学习内容	☆☆☆☆☆	☆☆☆☆☆	☆☆☆☆☆
	在学习过程中有创新的想法	☆☆☆☆☆	☆☆☆☆☆	☆☆☆☆☆
	所展示的作品具有实用性	☆☆☆☆☆	☆☆☆☆☆	☆☆☆☆☆
反馈和反思	能举例子来总结自己在学习中的收获	☆☆☆☆☆	☆☆☆☆☆	☆☆☆☆☆
	自我反思,能客观地评价自己的优点和不足	☆☆☆☆☆	☆☆☆☆☆	☆☆☆☆☆
成果评价	创作的作品具有创意和美感	☆☆☆☆☆	☆☆☆☆☆	☆☆☆☆☆
	能合作演唱、编舞、自创诗句,具有表演能力	☆☆☆☆☆	☆☆☆☆☆	☆☆☆☆☆
	能将活动过程描写具体,具有写作能力和想象力	☆☆☆☆☆	☆☆☆☆☆	☆☆☆☆☆

学生通过跨学科学习活动,赏析电影《长安三万里》和品读唐诗,提升了语文和美术等学科的素养;学生在探索中国式浪漫时,提高了历史和科学的学科素养,在整个课程学习中加深了对中国传统文化的理解,坚定了中华民族的文化自信。

(课程设计者/撰稿者:深圳市坪山区新合实验学校　李梅芳)

课程智慧 | 趣味科创

课程名称：趣味科创

适用年级：中学七年级

一 背景与理念

（一）课程背景

随着科技的不断进步和创新精神的日益凸显，培养学生的科学素养和创新实践能力已成为当今科学教育的重要任务之一。深圳作为先行示范区，更应该大力培养具有创新精神和实践能力的创新型人才。七年级作为中学教育的起始阶段，是培养学生科学素养、提高创新实践能力的关键阶段，七年级学生正处于好奇心旺盛、求知欲强烈的黄金时期，他们对于新事物充满好奇，对于探索未知世界充满热情。

在日常的教学中，由于受到实验器材、班级人数、课时安排等种种限制，多数学生的学习方式主要以记忆学习和观看演示实验为主。即使能有做实验的机会，也多是将课本中所描述的实验照做一下，并没有那种面临未知世界，想要"一探究竟"的机会。由于学习缺少真实情境与实际体验，学生背诵下来的科学知识，其实是惰性知识，并不能被真正理解与迁移应用。因此，在第二课堂引入科创课程对于科创教育具有重要的现实意义和深远影响。

（二）课程理念

趣味科创课程以"实践、创新、协作、成长"为核心理念，通过实践操作、创新设计、团队协作等多元化教学活动，让学生在亲身参与中感受科技的魅力，培养创新思维和解决问题的能力；通过团队合作与互动交流，促进学生之间的合作与成长，培养团队精神和领导力；同时，注重学生的个体差异和兴趣发展，提供个性化的学习资源和指导，实现学生的全面发展。

二　价值和目标

（一）课程价值

在学校育人理念的指导下开设以"手脑并用、挑战自我"为特色，集趣味性、普及性、探究性为一体的科创课程，让学生在玩中思、思中学、学中用、用中创，激发科创兴趣，形成科创思维，养成科创素养，由"静态听讲"向"动态学习"转变，初步从"知识输入"向"科创输出"转型。

（二）课程目标

本课程聚焦于激发学生的科创兴趣，培养创新思维能力，强化实践技能，旨在帮助学生于科创思维黄金启蒙期形成主动学习的良好循环，为未来的科创之路保驾护航。

在具有趣味性、实践性、探究性的科创项目中，学生通过自主探究、合作学习等方式，掌握科创知识、科创方法，形成科创兴趣、科创思维，提高科创能力，进而树立正确的价值观和社会责任感。

三　框架和内容

（一）设计思路

课程设计以"玩中思、思中学、学中用、用中创"为主线，课程内容框架如图 3-5 所示。

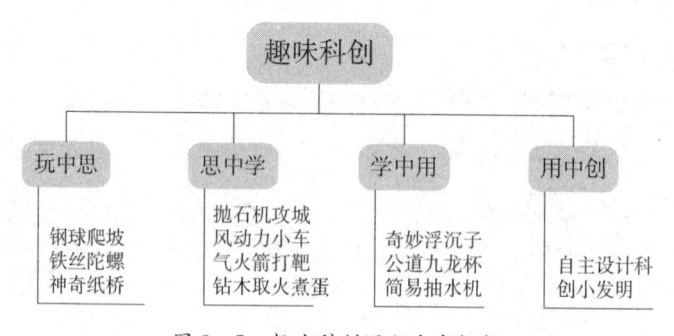

图 3-5　趣味科创课程内容框架

初期设计了钢球爬坡、铁丝陀螺、神奇纸桥等趣味横生的活动,激发学生的科创兴趣;中期选择抛石机攻城、风动力小车、气火箭打靶、钻木取火煮蛋等项目,培养学生的科创思维,锻炼学生的科创能力;通过奇妙浮沉子、公道九龙杯、简易抽水机等认识生活中的科创;最后自主设计科创小发明等,解决日常生活、学习、工作和劳动生产中的某些实际问题,树立正确的科创态度,养成正确的价值观及培养社会责任感。

(二) 课程安排

在科技飞速发展的今天,科创教育已成为培养未来创新人才的重要途径。我们精心设计的科创课程,旨在激发学生的创新思维和实践能力,引领他们探索科学的奥秘,体验技术的魅力。本课程安排注重理论与实践相结合,让学生在动手实践中发现问题、解决问题,从而培养他们的科学素养和创新能力。以下是科创课程安排表(见表3-3)及具体学习内容。

表3-3 科创课程安排表

课时安排	课程主题
第1—2课时	钢球爬坡比高远
第3—4课时	铁丝陀螺比持久
第5—6课时	神奇纸桥比承重
第7—8课时	抛石机攻城比投射
第9—10课时	风动力小车比竞速
第11—12课时	气火箭打靶比准远
第13—14课时	钻木取火煮蛋比合作
第15—16课时	奇妙浮沉子
第17—18课时	公道九龙杯
第19—20课时	简易抽水机
第21—22课时	科创小发明

1. 钢球爬坡比高远

学习内容:通过控制操作杆使钢球落入得分槽内以获得相应分值。随着调高杆高度的增加,挑战难度也随之增加,学生需在只控制操作杆的前提下让小球爬坡,并利用调高杆提升操作端的高度以增加难度,如此逐级升高,挑战极限。

科学原理:钢球爬坡是通过重力势能转换、动能转换以及摩擦力的共同作用。操作时以轴心变化抵消上行斜度角度,钢球的重心位置在其中心点,当钢球位于低处时,两根钢管导轨间距小,钢球重心位置相对高;在高处两根导轨间距大,钢球重心位置相对低。因此,在高度差不超过钢球的半径时,虽然横杆高度增加,但是球的重心是由高至低。

2. 铁丝陀螺比持久

学习内容:利用一段固定长度的铁丝做成陀螺,计陀螺在一次启动后持续旋转总时间为成绩,旋转时间越长比赛成绩越好。

科学原理:陀螺在旋转的时候,一面围绕本身的轴线作"自转",一面围绕垂直轴作"公转"。"自转"速度的快慢,决定着陀螺摆动角的大小,转得越快,摆动角越小,稳定性也就越好。

3. 神奇纸桥比承重

学习内容:使用一组A4尺寸120克重的牛皮纸做成纸桥,在纸桥中央加重或拉伸纸桥桥墩跨度,直至桥面下塌,承重最高和伸展跨度最大者成绩越好,如出现承重和跨度相同的情况下,桥体重量轻者胜。

科学原理:纸桥的承载力主要受到纸张的厚度、材料、性状三个因素的影响。厚度越大,抗压力越强;纸张材料越坚固,抗拉能力越大。形状是控制桥梁弯沉的关键因素。学生通过自己模拟制作的纸桥能够快速学习到结构和力学等原理。

4. 抛石机攻城比投射

学习内容:使用16根完整的一次性筷子、纸杯、细绳等搭建重力式抛石机,比拼投射距离和准确度。

科学原理:抛石机作为古代应用广泛的重型兵器,蕴含着劳动人民丰富的智慧,是科学与技术完美融合的杰出代表。其主要利用杠杆原理,将存储的势能瞬间释放,使处于杠杆末端的石头获得飞行的初速度。

5. 风动力小车比竞速

学习内容:根据要求制作一辆尺寸不超过 200×200×200 mm 的螺旋桨反冲力小

车,并按规则完成小车直线竞速比赛。

科学原理:风力小车是利用螺旋桨叶片的扭力转动转换成前进的空气推力,推动小车向前行驶。当扇叶在风力推动下转动,将风能转换为机械能,在传动转置的作用下,扇叶的转动带动车轮,使车行走。

6. 气火箭打靶比准远

学习内容:使用统一提供的材料制作气火箭弹,安装在相应的发射管上。箭体由参赛者自己设计,模式不限。比赛时,选手站在发射区内,为气枪加压,自己调节发射角度和发射打靶。根据打靶的准度、远度计算得分。在设计时,学生需思考选择炮弹造型或火箭造型,是否安装配重或掠翼,火箭弹是筒内发射还是筒外发射,火箭造型如何安装掠翼、前、中或后掠翼或一体掠翼设计与气流的关系,配重的作用与影响,制作时如何把握箭体的中心偏差,偏差对弹道的影响等。

科学原理:采用一种可换枪管、手动加压式储气枪,选手自行以手动加压方式将气压能量存储在枪膛中,发射时箭体只是在发射管内做加速运动,将存储的弹性势能通过压力瞬间释放,将箭体快速前推。火箭弹造型、气流、配重等对其行进的远度、打靶的准度均有影响。

7. 钻木取火煮蛋比合作

学习内容:队员人手各拿一块不同形状的四巧板,各队桌面上放有10个不同图形四巧板拼图,裁判员随机打出代表图案的号码牌,各队伍要迅速拼出完整答案;完成拼图后,派出一名队员跑到指定地点(距离出发点50米)拿取钻木取火工具回来,合作钻出火种;使用火种,点燃酒精炉,将蒸馏水倒进烧杯,煮熟一只鹌鹑蛋后放入另一杯水中降温,并脱去蛋壳;成功完整脱去蛋壳后拿到评委桌上,赛程完成,速度最快的队伍获胜。

科学原理:钻木取火煮蛋是初中物理课程(13.2内能)中的现场实践内容。在摩擦时,摩擦力较大会产生热量(动能转化成内能)。木原料的本身较为粗糙,在摩擦时,摩擦力较大会产生热量,加之木材本身就是易燃物,所以就会生出火来。煮蛋为"热传递"过程。

8. 奇妙浮沉子

学习内容:利用废旧汽水瓶和吸管回形针或是小口服液药瓶,表演控制物体沉浮的魔术。浮沉子是一个简单的物理模型,通常由一个密闭的容器(如瓶子)和一个可以在其中上下移动的物体(如吸管)组成。如何保持瓶子的密闭性,如何调整吸管和水的重量,需要小组成员共同讨论和解决。

科学原理:挤压大瓶子的瓶身时,小瓶或吸管内的水通过小孔被压入,导致小药瓶或吸管内的重力增加,如果重力大于浮力,浮沉子下沉。当松开大瓶子的瓶身时,瓶内压强减小,水从小瓶或吸管内流出,重力减小。如果重力小于浮力,浮沉子上浮。通过改变外部压强,可以控制浮沉子内部气体的体积,进而控制其排水体积和重量,实现沉浮的控制。

9. 公道九龙杯

学习内容:利用弯头吸管、一次性杯、热熔胶枪,就能复原古代神奇酒杯。学习内容包括了解公道杯的历史和文化背景、学习公道杯的制作工艺、实践公道杯的制作过程、探索公道杯的创新设计。

科学原理:公道九龙杯的科学原理主要涉及物理学中的虹吸原理。液体在杯中达到一定高度时,由于大气压力和重力的作用,液体在吸管(九龙)内部形成一个负压,使得液体能够沿着吸管上升并越过杯口,然后流入另一个容器(如公道杯)中。当液体在杯中的高度降低到一定程度时,吸管内部的负压消失,液体停止流动。

10. 简易抽水机

学习内容:通过制作小发明抽水机,让学生了解抽水机的基本原理和构造,培养学生的动手能力和创新思维。课程内容包括材料准备、制作步骤、原理解析以及教学示范等。首先向学生们发出任务挑战:只用一根PVC管把水从大矿泉水瓶里抽上来,引导学生构建抽水过程的物理模型,接着提出技术问题挑战:如何只用一只手就能将水抽上来?指导学生制作简易抽水机。

科学原理:简易抽水机的工作原理主要是基于离心作用、压力差和流体压强与流速的关系等,通过电机或发动机驱动叶轮旋转,产生负压和正压,实现将液体从低处抽到高处的目的。

11. 科创小发明

学生利用本学期掌握的科学技术知识和实际能力,对日常事物加以改进和创新,使其能够解决日常生活、学习、工作和劳动生产中的某些实际问题,使未来的生活更加美好、更加方便。作品可参加相关科创竞赛。

四　策略和方法

（一）玩中思——激发科创兴趣

培养学生对科创的兴趣是科创教育的首要任务，在课堂上，选择有趣的钢球爬坡、铁丝陀螺等项目，组织趣味竞赛，让学生玩起来，在玩中引发思考，在玩中激发科创兴趣。

（二）思中学——锻炼科创思维

为了保证课程的顺利开展，科技辅导教师需要提供必要的支持和指导，引导学生在玩与思考的过程中理解、掌握其背后蕴含的科学内涵，锻炼科创思维。

（三）学中用——培养科创能力

科技创新需要实践探究的能力，在掌握科学原理的基础上，让学生通过设计、实验等方式亲自创造、改进作品，将理论运用到实际作品中，培养科创能力，同时增强其团队合作精神。

（四）用中创——树立科创态度

鼓励实践和创新，提供必要的学习资源和实验设备，引导学生利用本学期掌握的科学技术知识和实际能力，对日常事物加以改进和创新，使其能够解决日常生活、学习、工作和劳动生产中的某些实际问题，使未来的生活更加美好、更加方便。相关作品需参加市、区级科创竞赛。

五　评价和成效

（一）评价方式

科创课程作为培养学生创新能力与实践技能的重要平台，其评价方式不仅要注重学生的学习结果，更应聚焦于学习过程及学生所体现的综合素养。为此，本课程坚持过程性评价与结果性评价相结合的原则，通过学生自评、学生互评以及教师评价三种方式，共同构建一个多元、全面的评价体系。

学生自评鼓励学生自我反思与自我提升，通过回顾学习过程，认识自己的优点与不足，从而调整学习策略，增强学习动力。

学生互评则促进学生间的交流与合作,通过互相评价作品与表现,学会欣赏他人的优点,同时也锻炼批判性思维与沟通能力。

教师评价则发挥引导作用,依据教学目标与要求,对学生的学习成果进行客观评价,并提供具体反馈与建议。评价内容涵盖知识与技能掌握、创新能力、团队协作能力、问题解决能力、学习态度与习惯以及作品评价等多个方面。这些方面不仅关注学生的学习成果,更重视学生在学习过程中所展现出的各种能力与素质。

通过这样的评价方式,我们期望能够全面反映学生的学习情况与发展水平,为他们的未来发展奠定坚实的基础。

1. 学生自评

在科创课程中,学生自我评价是一个非常重要的环节,它有助于学生认识自己的优点和不足,从而调整学习策略,提高学习效果。本课程设计如下五个评价指标:

(1) 知识与技能掌握:评估学生对科创课程相关知识的掌握程度,以及应用这些知识解决实际问题的能力。

(2) 创新意识与能力:评价学生在科创课程中展现出的创新思维和创新能力,如提出新颖观点、设计独特方案等。

(3) 团队协作能力:考察学生在团队项目中的表现,如沟通能力、合作意愿、团队协作能力等。

(4) 问题解决能力:评估学生在面对科创问题时,分析问题、解决问题的能力,包括逻辑思维、批判性思维等。

(5) 学习态度与习惯:评价学生的学习态度,如主动性、责任心、自律性等,以及学习习惯,如时间管理、学习计划等。

表3-4 科创课程学生自评表

评价指标	指标描述	自评分
知识与技能掌握	1分:对基础知识和技能有基本的了解,但掌握程度不够深入。 2分:能够较好地掌握所学知识和技能,能够完成一些基础的应用和操作。 3分:对知识和技能有深入的理解和掌握,能够熟练运用所学内容解决实际问题。	

(续表)

评价指标	指标描述	自评分
创新意识与能力	1分:在解决问题时表现出一定的创新意识,但尚不够明显和突出。 2分:能够主动思考并提出一些创新性的想法和解决方案,但实施效果一般。 3分:具有强烈的创新意识,能够提出并实施具有高度创新性和实用性的想法与方案。	
团队协作能力	1分:在团队中能够基本配合他人工作,但团队协作能力有待提高。 2分:能够积极参与团队工作,与团队成员有效沟通,共同完成任务。 3分:在团队中展现出卓越的协作能力,能够有效地领导或支持团队,推动项目顺利进行。	
问题解决能力	1分:在面对问题时能够找到一些解决方案,但效果一般。 2分:能够有效地分析并解决问题,提出合理的解决方案并成功实施。 3分:具有出色的问题解决能力,能够迅速找到问题的关键,提出并实施高效的解决方案。	
学习态度与习惯	1分:学习态度一般,需要改进学习方法和习惯。 2分:能够保持积极的学习态度,有一定的学习计划和习惯。 3分:具有优秀的学习态度和习惯,能够主动学习、探索新知识,不断提升自我。	
合计评分(满分15分)		

通过以上评价指标和量表的设计,学生可以更全面地评价自己在科创课程中的表现,从而找到自己的优点和不足,为接下来的学习提供参考。同时,教师也可以根据学生的自我评价结果,了解学生的学习情况和需求,为教学提供更有针对性的指导。

2. 学生互评

学生互评是科创课程中一个重要的环节,它不仅能够帮助学生更好地了解自己在项目中的表现,从而调整自己的学习态度和行为,促进小组成员之间的交流和合作,提高团队合作的效果。互评结果也可以作为教师评价学生表现的一个重要参考依据,帮助教师更好地了解学生的学习情况和需求,为教学提供更有针对性的指导。为了确保互评的公正、客观和有效,本课程设计了如表3-5所示的互评标准。在互评过程中,小组成员需要根据以上标准对其他成员的表现进行评价,并在评价表上给出相应的分数。教师需要注意引导学生客观、公正地评价他人，避免因为个人情感或偏见影响评价结果的公正性。同时，教师也需要对互评结果进行及时的反馈和指导，帮助学生更好地理解和应用互评结果，提高自己的学习和合作能力。

表3-5 科创课程学生互评表

评价指标	指标说明	评价等级（每项分）	得分
团队合作	1. 积极参与团队讨论和决策； 2. 愿意分享知识和经验； 3. 能够有效协调团队内部矛盾。	达到一点得1分 达到两点得2分 达到三点得3分	
创新能力	1. 能够提出新颖的解决问题的方法； 2. 能够从多角度思考问题； 3. 能够将理论知识应用于实践。	达到一点得1分 达到两点得2分 达到三点得3分	
实践能力	1. 能够独立完成实验或项目； 2. 能够正确使用实验器材和设备； 3. 能够准确记录实验数据。	达到一点得1分 达到两点得2分 达到三点得3分	
沟通能力	1. 能够清晰表达自己的观点； 2. 能够倾听他人的意见； 3. 能够有效解决团队内部的沟通问题。	达到一点得1分 达到两点得2分 达到三点得3分	
学习态度	1. 主动学习新知识； 2. 积极参与课堂讨论； 3. 认真对待每一次实验和项目。	达到一点得1分 达到两点得2分 达到三点得3分	
互评分（满分15分）			

3. 教师评价

科创课程作为现代教育体系中的重要组成部分，旨在培养学生的创新思维、实践能力和团队协作精神。在这一背景下，教师评价不仅是一项教学任务，更会对学生的个体成长和未来发展产生深刻影响，因此本课程设计了五个一级指标——创新思维、实践能力、团队协作、学习态度以及作品评价，评价表如表3-6所示。

表3-6 科创课程教师评价表

评价一级指标	评价二级指标	指标描述	满分	学生得分
创新思维	问题的发现与提出	能否发现关键问题,提出有价值的研究方向,1次计1分。	3	
	解决方案的创新性	解决方案的原创性、独特性和实用性,评估解决方案与已有解决方案的差异性。	4	
	思维的灵活性与广度	面对问题时的应变能力和思维的开阔程度;记录面对新问题时,学生展示的不同解决方案数量。	3	
实践能力	实践操作能力	实验操作的熟练度、准确性和安全性,记录实验操作的正确率和完成速度。	4	
	技术应用能力	能否将所学知识应用于实际问题的解决,记录学期内成功应用所学知识解决实际问题的次数。	3	
	问题解决能力	面对实际问题时的应对能力和解决问题的效率。	3	
团队协作	团队沟通能力	团队成员间的沟通流畅度、信息共享和反馈,评估团队内部沟通记录的数量和质量。	3	
	分工与协作能力	团队成员在项目中的分工明确、协作默契,评估团队成员在项目中完成各自任务的效率和准确性。	4	
	团队凝聚力	团队成员间的信任、支持和团队精神,评估团队成员间的相互支持和合作态度。	3	
学习态度	学习的主动性	主动求知、自主学习的意识和能力。评估学生自主学习的时间和成果。	4	
	对待困难的态度	面对困难时的坚持时间和解决问题的策略。	3	
	学习的持续性	长期保持学习热情和投入,长期保持学习热情和投入的证据(如定期的学习记录)。	3	
作品评价	创新性	作品是否具有新颖性、创意性和实用性。	10	
	实用性	作品在实际应用中的价值和效果,作品在实际应用中的效果和用户反馈。	10	

(续表)

评价一级指标	评价二级指标	指标描述	满分	学生得分
	技术难度	作品所涉及技术的复杂程度、技术实现的难度和技术的先进性。	5	
	美观性	作品的设计和外观是否美观、大方。	5	
教师评价得分(满分 70 分)				

根据上述评价方案,可以全面评估学生在科创课程中的表现,并为他们的进一步发展提供有针对性的指导。同时,科创作品的评价也能为学生提供一个明确的方向,以指导他们创作出更具创新性和实用性的作品。教师可以根据学生的实际表现,参照评价量表进行评分,以全面评估学生的科创课程学习情况。学生最终的分数为:教师评价得分+学生自评分+学生互评分,满分 100 分。根据学生得分情况可给出等级评价(见表3-7)。等级说明:A(80—100 分),B(60—80 分),C(40—60 分),D(0—40 分)。

表3-7 科创课程评价总表

自评分 (满分 15 分)	互评分 (满分 15 分)	教师评分 (满分 70 分)	总得分 (满分 100 分)	等级

(二)课程成效

1. 学生通过本课程的学习,掌握了基本的科创知识、科创方法,形成了良好的科创兴趣、科创思维,提高了科创能力,树立了正确的价值观和社会责任感。

2. 学生能够主动利用掌握的科创知识,对日常事物加以改进和创新,使其能够解决日常生活、学习、工作和劳动生产中的某些实际问题,使未来的生活更加美好、更加方便,如桌面垃圾桶、橡皮渣吸尘器等。

3. 学生积极参与各项科创竞赛,做到赛中学、赛中练。目前,我校学生在市、区级科创竞赛中已获一、二、三等奖近 200 项。

(课程设计者/撰稿者:深圳市坪山区新合实验学校 张芷昕 李丹瑶)

第四章
大规模因材施教的课程实施

　　大规模因材施教的课程实施核心是重构学习,是教师和学生在教与学的过程中创造出来的,是展现生命存在的多样可能性,适应每一位学生发展的课程;大规模因材施教课程实施是重构学习的认知性实践、交往性实践以及伦理性实践三位一体的对话性活动。

课程实施是把某项课程变革计划付诸实践的具体过程①,它关注的焦点是课程实践中实际发生的变革程度及影响变革的因素。我们认为,大规模因材施教的课程实施核心就是重构学习,是教师和学生在教与学的过程中创造出来的,是展现生命存在的多样可能性,适应每一位学生发展的课程;是生命如何存在,学生就如何学习的课程。针对当前学习方式存在的单一、被动的问题,大规模因材施教的课程实施主张转化学习方式,将自主学习、合作学习和探究学习作为主要的实施方式。学习即存在,即实践。下面我们将从大规模因材施教课程实施重构学习的认知性实践、交往性实践以及伦理性实践三个维度进行阐述。

第一,大规模因材施教的课程实施重构学习的认知性实践。随着教育改革的不断深入,大规模因材施教的课程实施已成为教育领域的热点话题。在这种背景下,重构学习的认知性实践维度显得尤为重要。因材施教的教育理念强调根据学生的个性、兴趣和能力差异,采用不同的教学方法和内容,以最大限度地发挥学生的潜力。大规模因材施教的课程实施则是在传统因材施教的基础上,通过现代教育技术手段,实现对大量学生的差异化教学,从而提高整体教育质量。在重构学习的认知性实践维度方面,课程重构的过程即是教师和学生持续成长的过程。教师和学生不是课程知识的接受者,而是课程知识的创造者,从本质上需要转变教师教学方式和学生学习方式。课堂教学要以学生为中心,注重培养学生的思维能力、创新能力、实践能力等核心能力。教师从知识的传授者转变为引导学生自主学习的指导者,旨在帮助学生建立正确的学习方法和思维方式。具体而言,教师在课堂教学中可以采用多种教学方法,如项目式学习、探究式学习、合作学习等,以激发学生的学习兴趣和主动性。同时,教师应关注学生的学习过程,及时发现和帮助学生解决学习困难,促进学生的个性化发展。学校应积极推进课程改革,优化课程结构,提高课程质量。家长和学生应充分认识因材施教的重要性,积极配合学校和教师的教学工作。

大规模因材施教的课程实施,是学校课程改革的重点方向。通过转变教师的教学观念和教学方式,激发学生的学习兴趣和主动性,促进学生的个性化发展,提高整体教育质量。

---

① 张华.论课程实施的涵义与基本取向[J].外国教育资料,1999(2):28.

第二，大规模因材施教的课程实施重构学习的交往性实践。两千多年前孔子提出有教无类、因材施教的教育伦理。然而，如何在大规模的教育中实现因材施教，一直是学校面临的挑战。为此，我校充分探究重构学习的交往实践性，根据学生的个性、兴趣和能力开展丰富的星彩品质课程。通过组织丰富多彩的社团活动，让学生在社团活动中和老师、同学相互学习，共同成长，学习过程中每个人都能被关注和重视，学生构建了社会人际关系的交往性实践。为了更好地发挥社团活动的作用，我们采取了一系列措施。首先，学校给予社团活动足够的支持和引导，鼓励学生们积极参与。其次，社团活动的组织形式多样化，以满足不同学生的需求。最后，学校还注重社团活动的质量，确保学生在活动中能够真正受益。通过重构学习的交往实践，以及在社团活动中实施大规模因材施教，为学生提供更加优质的教育环境，提升学生的综合素质，为他们的未来发展奠定坚实的基础。

第三，大规模因材施教的课程实施重构学习的伦理性实践。随着教育改革的不断深入，大规模因材施教的课程实施已成为当今教育领域的重要议题。因材施教的理念源于中国古代教育家孔子的思想，其基本含义是根据学生的个性、兴趣和能力，采用不同的教育方法和内容，以最大程度地发挥学生的潜力。在现代教育中，大规模因材施教需要通过对课程实施的重构来实现。大规模因材施教的课程实施要注重灵活性，传统的课程实施往往是教师按照教材和教学计划进行讲授，学生被动接受知识，而大规模因材施教的课程实施则要求教师根据学生的特点和学习能力，灵活调整教学计划和教学方法。这需要教师具备较高的专业素养和教育智慧，能够根据学生的反馈和表现，及时调整教学策略，以满足学生的个性化需求。

大规模因材施教的课程实施是一种具有伦理性实践的教育理念。它强调尊重学生的个性、权利和尊严，关注学生的全面发展。在课程实施中，大规模因材施教遵循平等、公正和自由的原则，充分尊重每一位学生的选择和权利。只有这样才能够不断提升质量和效果，更好地实现教育的公平。

总之，大规模因材施教的课程实施是重构学习的认知性实践、交往性实践以及伦理性实践三位一体的对话性活动。首先，它有助于培养学生的自主学习能力，在多样化的课程和学习方式中，学生可以根据自己的需求和兴趣选择合适的课程和学习方式，从而锻炼自主学习能力。其次，大规模因材施教的课程实施有助于培养学生的创新精神和实践能力。在项目式学习和合作学习等活动中,学生需要积极思考、勇于尝试和创新,从而培养创新精神和实践能力。最后,大规模因材施教的课程实施有助于培养学生的社会责任感和团队协作精神。在合作学习中,学生需要关注团队目标和个人责任,学会与他人协作和沟通,从而培养社会责任感和团队协作精神。

(撰稿者:深圳市坪山区新合实验学校　宣倩怡　林幼妹)

> **课程智慧 | 星彩管乐团**
>
> 课程名称:星彩管乐团
>
> 适用年级:小学二至六年级、中学七至八年级

一 背景与理念

近期,教育部印发关于全面实施学校美育浸润行动的通知,包括实施美育教学改革深化行动、教师美育素养提升行动、艺术实践活动普及行动等,进一步加强学校美育工作,强化学校美育的育人功能。为了深化素质教育的实施,更新教育观念,进行教学内容方式改革,开展艺术课外活动,发展学生艺术特长,提高学生综合素质。

素质教育理念为现今教育发展的重要方向,美育为素质教育中的重要一环。目前越来越多的学校开始建设特色化的艺术文化,中小学管乐团作为学校艺术团体中的组成部分,对于学校艺术文化发展、学生自身素质提升都具有重大意义。在中小学的音乐文化打造中,管乐团已经成为了诸多学校特色化美育工程的一大标志。

二 价值和目标

音乐教育是美育中的重要组成部分,而学校组建管乐团更对学生音乐学习能力的提升有重要意义。学生加入管乐团可以在音乐活动中融合音乐理论知识,提升个人演奏能力与合奏能力,而且还能丰富自身的音乐鉴赏能力。

管乐团的组建可促进校园文化发展。管乐团演奏气势宏大,富有感染力,无论是在每周的升旗仪式还是在每学期的运动会开幕式中,演奏管乐都能有效地烘托气氛,调动学生的积极情绪,给校园活动组织带来积极影响。学校在组建管乐团过程中能增强学校的艺术氛围,彰显学生风貌,从而树立良好的校园形象,使校园艺术文化生活更加繁荣。

(一) 培养学生的审美情趣

在管乐团课程的学习过程中,学生不仅需要学习各种乐器的演奏技巧,还需要对乐曲进行深入的理解和感受。例如,当学生们在学习一首具有浓厚中华民族特色的乐曲时,他们不仅会感受到中华音乐的韵律和旋律美,也会通过音乐去理解中华文化的内涵。这样的学习过程无疑能够提升学生的审美情趣,让他们在音乐中感受到生活的美好。

(二) 提升学生的音乐素养

学生通过参加管乐团的学习和训练,可以学习到音乐的基本知识,如音乐的基本理论、乐曲的结构和形式等,同时也能通过实践学习各种乐器的演奏技巧。例如,学生在学习长笛时,需要了解长笛的音色特点,掌握正确的吹奏技巧,这对于提升学生的音乐素养具有重要的作用。

(三) 培养学生的团队协作精神

管乐团是一个集体,每一位成员都有自己的职责和角色。例如,打击乐器的演奏者需要控制节奏,管乐器的演奏者需要把握旋律,每个人都需要和其他成员配合,才能共同完成一次成功的演奏。这样的训练过程,无疑是对学生团队协作精神的一种锻炼。

(四) 培养学生的创造性思维

学生在管乐团的活动中,不仅需要严格按照乐谱演奏,还需要有自己的理解和创新。例如,在演奏一首乐曲时,指挥可能会要求学生们尝试不同的音色和表现手法,以寻找更符合乐曲主题的演奏方式。这样的过程,就是对学生创造性思维的一种锻炼,让他们学会在规则中寻找创新,提升自己的创造性思维能力。

三 框架和内容

(一) 乐团成员招募

开展学生乐器选拔和招募活动,吸引对音乐感兴趣的学生加入管乐团。招募有志于学习管乐器并愿意积极参与演奏活动的学生。

（二）指导老师配备

配备经验丰富的指导老师，担任乐团的指挥和教学工作，指导学生提高演奏技能和团队合作能力。

（三）乐器设备和场地准备

提供必要的管乐器设备，包括单簧管、双簧管、长笛、小号、长号等，确保学生有充足的乐器供应。配备合适的演奏场地和排练场所，保证学生有良好的练习环境和舞台表演条件。

（四）课程设置和学习计划

设计丰富多彩的课程内容，包括音乐理论、演奏技巧、乐曲学习等，满足学生不同水平和需求。制订详细的学习计划，安排定期的排练和演出活动，确保学生有系统地进行音乐学习和实践。

（五）演出和表演安排

定期组织乐团成员进行音乐演出和表演活动，包括校内音乐会、社区演出、比赛参赛等。提供丰富多样的演出机会，让学生能够展示自己的音乐才华和表演技巧。

（六）团队建设和文化活动

开展团队建设和文化活动，包括团队拓展、合作游戏、音乐沙龙等，促进学生之间的团队合作与交流。组织学生参与文化体验活动，如音乐会观赏、艺术展览等，拓展学生的艺术视野和文化素养。

（七）评价和反馈机制

建立有效的评价和反馈机制，对学生的音乐演奏、学习进步和团队表现进行定期评价和指导。提供个性化的反馈和指导，帮助学生发现问题并加以改进，促进其全面发展和成长。

管乐团课程安排分为四个板块：基本功、音阶、铜管与木管、合奏。在基本功板块中，学生通过各种练习提高演奏技能，以展示音乐会演出、比赛参与、录音录像等形式呈现成果。音阶板块注重音乐基础和音阶练习，以促进学生的音乐感知和技能提高。铜管与木管板块则专注于不同乐器的演奏技巧和乐曲学习。最后，合奏板块培养学生的合作能力和团队意识，通过分组演练和整体排练实现音乐整体表现。实施要求包括专业指导、合适的场地和设施、团队合作与持续演出机会。

表4-1 星彩管乐团课程内容安排表

课程名称	课程目标	课程内容	实施要求	时间安排	预期成果形式
板块一：基本功	1. 培养学生良好的基本功，包括吹奏技巧、音准、节奏感和音色控制等。 2. 通过系统的训练和练习，提高学生的演奏水平和技术实力。	吹奏基础练习：包括呼吸控制，吹奏姿势，音色练习等。	1. 提供足够的练习时间和空间，保证学生能够充分练习和巩固所学内容。 2. 指导老师要有丰富的教学经验和音乐专业知识，能够有效地指导学生提高技能。 3. 设计多样化的教学方法和练习活动，以满足学生不同的学习需求和兴趣。	18课时	1. 音乐会演出：定期举办音乐会，展示成果。这可以是校内音乐会、社区演出、节日庆典等场合，让学生有机会在公众面前展示他们的音乐实力。 2. 比赛参与：参加各类音乐比赛和比赛活动，包括学校、地区或国家范围内的管乐比赛。通过比赛可以激发学生的竞争意识与团队合作精神，提高他们的演奏水平和表现能力。 3. 录音和录像作品：制作管乐团的录音和录像作品，包括音乐专辑、音乐视频等。这些作品可以用于宣传推广，向更广泛的受众展示管乐团的音乐风采和
板块二：音阶	1. 培养学生良好的音阶基础，包括掌握音阶的理论知识和演奏技能。 2. 提高学生的音乐感知能力，培养准确的音准和稳定的节奏感。	1. 音阶的理论知识：介绍音阶的定义、构成和分类，包括大调、小调、和声小调等。 2. 音阶的练习方法：指导学生正确的手指位置和手指运动，提供上行和下行练习，以及不同速度和节奏的变化。 3. 音阶的应用：解释音阶在音乐中的作用，如何在音阶构建不同音乐风格中的运用。	提供多样化的教学资源和学习支持，包括乐谱、音频和视频资料等，以满足不同学生的学习方式和需求。建立良好的学习氛围和团队合作精神，鼓励学生相互支持和交流经验，共同进步和成长。	18课时	

课程安排

(续表)

课程名称	课程目标	课程内容	实施要求	时间安排	预期成果形式
板块三：铜管与木管	1. 帮助学生掌握木管和铜管乐器的基本演奏技能，包括吹奏技巧、音准、音色控制等。 2. 提高学生对木管和铜管乐器的理解和欣赏能力，培养他们对音乐的表达和沟通能力。 3. 促进学生的个人发展，培养合作精神和团队意识，塑造良好的音乐素养和表现能力。	木管部分： 1. 基本演奏技能：包括单簧管、长笛等木管乐器的吹奏姿势、呼吸控制和指法基础。 2. 乐曲学习：选择适合木管乐器的曲目进行学习，包括练习曲和经典作品，以提高学生的演奏水平和音乐理解能力。 铜管部分： 1. 基本演奏技能：包括小号、长号和大号等铜管乐器的吹奏姿势、气息控制和唇膜技巧。 2. 乐曲学习：选择适合铜管乐器的曲目进行学习，包括练习曲和管乐经典作品，以提高学生音乐表现水平和音乐表现能力。	1. 专业指导：为木管和铜管各自配备经验丰富的指导老师，他们应具备相应乐器的专业知识和教学经验，能够有效地指导学生提高演奏技能。 2. 设施和资源：提供适当的练习场地和乐器设施及丰富的教学资源，包括乐谱、录音、视频等，以支持学生的学习和练习。	18课时	4. 音乐教育活动：开展音乐教育和社区服务活动，如音乐工作坊，义演表演，慈善演出等。管乐团可以通过参与这些活动，同时向社会传播音乐文化，为社区带来音乐的欢乐和美好。 艺术成就。
板块四：合奏	1. 培养学生在合奏中的合作能力和团队意识，使其能够有效地	1. 合奏指导：提供针对的专业指导，包括指挥技巧，合奏配合和团队协作	1. 专业指导：配备有经验丰富的指挥和合奏教师，能够有	18课时	

109

(续表)

课程名称	课程目标	课程内容	实施要求	时间安排	预期成果形式
	与其他乐器合奏,并达到音乐整体表现的最佳效果。 2. 提高学生对不同乐器音色和演奏特点的理解,培养其适应不同合奏环境和音乐风格的能力。 3. 培养学生在合奏中的音乐表达和沟通能力,使其能够准确地传达音乐的情感和意境。	等方面的训练。 2. 合奏曲目学习:选择适合合奏的曲目进行学习,包括管乐经典作品、交响乐曲等,以培养学生的合奏技能和音乐表现能力。 3. 分组演练:将学生分成不同的合奏小组,让他们在小组内进行合奏练习和演练,培养团队合作精神和配合能力。 4. 整体排练:定期进行整体排练,将各个合奏小组的演奏整合在一起,形成完整的合奏效果,并加以调整和优化。	效地指导学生进行合奏练习和演出,并提供个性化的指导和反馈。 2. 合适的场地和设施:提供合奏的场地和设施,包括合奏厅、乐器设施和音响设备等,以支持学生的合奏练习和演出。 3. 团队合作:培养学生的团队合作精神和配合能力,鼓励他们相互支持和交流,共同努力实现音乐的完美表现。 4. 持续演出机会:提供定期的演出机会,让学生有机会合奏技能展示给公众,增强他们的舞台表现能力和自信心。		

四 策略和方法

合理、充分的练习时间可以为管乐演奏技能打下良好的基础。管乐器的学习是一种持续性、技术性的学习活动。管乐团可从气息训练开始,引导学生首先掌握正确的吹奏姿势和呼吸方法。除了管乐团合奏训练外,需要每周安排至少一次声部课,利用声部课时间对声部内容进行讲解,帮助学生解决基本乐理知识、乐器发音、基本功等问题。在合排课时,指挥需要关注各声部音量的控制,可采用"金字塔"的形式进行训练,即低音声部(大号、中音号、长号)为第一梯队,中音声部(小号、圆号、萨克斯)为第二梯队,高音声部(长笛、单簧管)为第三梯队。低音声部在"金字塔"最低端,高音声部在"金字塔"的顶端,管乐团各声部音量需呈现出"金字塔"的形状,由低至高层层递减。此外,管乐团合奏还需加入吐音、音阶、和声练习。在学生能较好地掌握乐器演奏的情况下,方可进行乐曲练习。长期的声部课与排练课相结合,才能更好地提高学生的管乐演奏技能。

管乐团教育的教学模式与评价方式应随着时代的发展不断进行创新和调整。在教学模式上,应逐步从传统的以教师为中心的模式转变为以学生为中心的模式,鼓励学生主动参与、自主探索,提高学生的学习主动性和创新能力。

(一) 以学生为中心的教学模式

在这一模式中,一方面,要注意将学生的兴趣、需求和个体差异作为教学活动设计的关键要素。例如,教师可以根据学生的独特技术水平和兴趣点,个性化地分配乐器,以激发他们的学习热情并促进其技能提升。另一方面,也可以利用项目式学习任务,比如组织一场完全由学生自主完成的音乐会,包括策划、编曲、排练到演出,从而让学生在实际操作中获得音乐实践经验,提升他们的实践能力和协作精神。

(二) 开展丰富的实践活动

教师开展并鼓励学生参加各种丰富的实践活动,以增加学生接触和深入理解音乐艺术的机会。例如,可以安排学生参观音乐制作公司,让他们从中了解到音乐从创作到制作的完整过程;不仅如此,还可以邀请知名音乐家来校进行讲座或工作坊,让学生有机会直接感受音乐创作的魅力,从而启发他们的创作灵感。

五　评价和成效

(一) 评价方式

在评价方式的改革方面,打破传统的以成绩为唯一评价标准的方式,实施更为全面和多元化的评价方式。不仅如此,还应关注学生的全面发展,包括音乐技能和知识,还包括团队协作能力、创新思维能力、审美情趣等方面。当然,我们可以设置多种评价方式,如课堂评价、生生互评、课后评价等,这些方式可以全面反映学生的学习进步和个人成长。

1. 教师评价

教师通过观察学生的课堂积极性、演奏水平,评价他们的团队合奏能力和专注力。通过学生的演奏,评价他们的艺术表现力和与指挥配合的默契程度。

2. 学生互评

让学生发现问题并积极参与到课程评价中。同学相互倾听,思考对方吹奏的旋律是否完整,反思自己是否有相似的错误。声部之间相互欣赏、发表评论是一种学习的进程,学生能在学习的过程中获得积极的情感体验,从而激发学生内在的学习动力,培养学生的主人翁意识。

3. 课后评价

课后评价是对学生在音乐课程或活动结束后表现的综合评估,包括个人技能发展、团队合作能力、学习态度等方面。通过评价,我们可以了解学生的学习进步和表现水平,并为他们提供具有针对性的反馈和指导,促进其全面发展和提高。评价应该客观公正,基于明确的评价标准和指标,同时注重个性化,充分考虑学生的实际情况和需求,激励他们持续努力学习,实现自我提升。

(二) 教学成效

1. 乐技能提升

学生通过参与管乐团的演奏活动,提升了演奏技能和乐器掌握能力,包括吹奏技巧、音准和音色控制等方面。

2. 团队合作能力

在管乐团的合奏过程中,学生培养了团队合作精神和协调能力,学会了倾听、配合和相互支持,实现了音乐的和谐演奏。

3. 跨学科学习拓展

通过赏析音乐作品、探索乐曲背后的历史文化等跨学科学习活动,学生拓展了知识视野,提升了语文、美术、历史和科学等学科素养。

4. 文化自信培养

学生在学习演奏技能和参与音乐活动的过程中,加深了对中国传统文化的理解和认知,培养了文化自信心和民族自豪感。

5. 艺术表现能力提高

通过定期的音乐演出和表演活动,学生提高了舞台表现能力和自我表达能力,展示了自己的音乐才华和艺术魅力。

6. 社会交流与互动

乐团参与各类社区演出和比赛活动,为学生提供了与社会交流和互动的平台,增强了其社会责任感和公共表达能力。

(课程设计者/撰稿者:深圳市坪山区新合实验学校　林彬　潘旭峰)

> **课程智慧 Ⅰ　经典诗词诵读**
>
> 课程名称:经典诗词诵读
> 适用年级:小学二至四年级

一　背景与理念

中国诗词源远流长,是中华民族杰出的艺术创造和丰富的情感记录,是我们代代传承的文化瑰宝。古诗词寄托着中国人的精神追求,承载着中国人的诗情与诗心。诗词学习对于丰富学生的内涵,启迪学生的智慧有着极其重要的作用。吟诵经典,可以启迪心智,安静灵魂,感悟人生,同时对于提升小学生的汉语言水平、思想能力、识记能力和文化素质都很有裨益。

二　价值和目标

(一)课程价值

课堂是传统文化教育的主阵地,在教育的过程中,我们应该创新中华传统文化传扬的方式,巧妙地将中国古诗词与中华传统文化相结合,不断培养学生的中华传统文化精神。作为"中华诗教深圳示范区建设项目"试点学校,我校一直积极推进"经典诵读"活动,以课堂教学和学校活动为支撑,开展经典诗词诵读课程,增进学生对传统文化的理解,积淀学生人文底蕴,提高学生的审美情趣。古诗诵读在全校学生中如春风化雨,沁人心脾。学校诗词学习氛围浓厚,在诗词诵读活动中,我们以多种方式提炼、展示、阐发中华诗词经典所蕴含的精神内核和思想精髓,学生都大有收获,深入体会了传统文化的博大精深。

(二)课程目标

1. 诵读优秀诗词,在经典诗歌中积累语言素材。

2. 在诗词诵读、品味、创作过程中了解诗词独特的想象力和奇妙的构思力,体验诗人的人生观、道德观;积累诗词文学知识,了解历史上各个朝代的社会、生活、自然方面的状况,树立民族自尊心、自信心。

3. 认识中华传统诗词的博大精深,汲取中华传统诗词文化的营养,逐步养成弘扬传统优秀文化的意识和责任感。

4. 能在平时的说话和习作中引用一些名言佳句,尝试用诗歌形式表达内心的情感和生活。

5. 关心学校诗词特色教育,积极参加诗词综合实践活动。

三 框架和内容

课程内容的设置是依据《义务教育语文课程标准(2022年版)》中的语文学科课程内容"增强文化自信""传承传统文化""运用语文解决生活实际问题""提升审美能力""创造美"等语文学习目标,结合学校学情与古诗词诵读资源进行整合,构建多学科融合的经典诗词诵读课程(见图4-1)。

寻美 → 赏美 → 悟美 → 创美

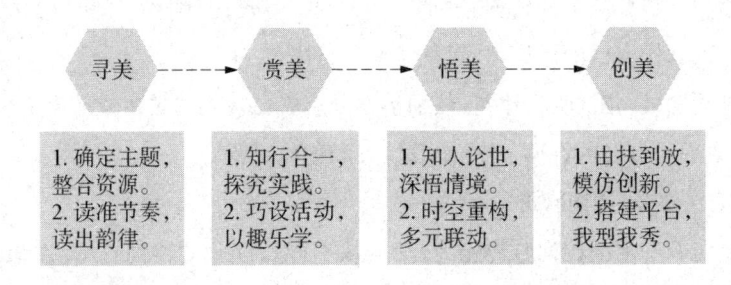

寻美	赏美	悟美	创美
1. 确定主题,整合资源。 2. 读准节奏,读出韵律。	1. 知行合一,探究实践。 2. 巧设活动,以趣乐学。	1. 知人论世,深悟情境。 2. 时空重构,多元联动。	1. 由扶到放,模仿创新。 2. 搭建平台,我型我秀。

图4-1 经典诗词诵读课程框架

经典诗词诵读课程以寻美、赏美、悟美、创美为切入点,设置了汇编诗集、诗词欣赏、诗词诵读、诗词剧场四个子任务,努力促进学生锻炼实践能力,焕发生命力,激发创造力,在喜乐的氛围中逐渐成长,具体课程安排详见表4-2。

表4-2　经典诗词诵读课程安排表

序号	任务	活动内容	课时设置
1	汇编诗集	教师和学生一起整理古诗中的"草木诗词",以草木诗词为载体,引导学生理解古诗词的精神内涵,制作成草木诗集,形成社团读本。	4课时
2	诗词欣赏	开展"经典诗文"主题小讲堂。通过师生讲解诗词,感受诗歌语言美及内涵美,激发学生学习古诗的兴趣。	4课时
3	诗词吟诵	以诗词诵读、吟唱、演礼等多种艺术表演形式综合演绎为主,诵读和吟唱需符合诗词本身的文体特征与节奏韵律,以体现中华诗词的韵律之美和中华文明的礼仪之盛。通过诗礼乐融合式的体验,切实感受中华优秀传统文化的魅力,激发对文化的认同和自信。	4课时
4	诗词剧场	编排出诗词作品参与校内优秀社团选拔。	4课时

对于经典诗词诵读课程的安排,按照循序渐进的原则,可以分为下述四个部分。

(一) 第一部分:汇编诗集

目标是让学生了解中国经典诗词的丰富性和多样性,培养学生的诗词收集、整理与分类的能力。引导学生从不同的历史时期、不同的作者、不同的题材等角度,搜集和整理经典诗词。教授学生如何对诗词进行分类,例如按照朝代、风格、题材等进行分类。学生可以制作自己的诗集,并附上注释和感悟。

可举办活动:1. 诗词收集比赛:鼓励学生分享自己找到的独特或有趣的诗词;2. 诗集展示:学生展示自己的诗集,并介绍其特点和创作过程。

(二) 第二部分:诗词欣赏

目标是培养学生的诗词鉴赏能力,学会从不同角度欣赏诗词,以及加深学生对诗词意境、情感、语言等方面的理解。教师精选经典诗词,引导学生分析诗词的意境、情感、修辞手法等;教授学生如何运用理论对诗词进行赏析,鼓励学生分享自己的赏析心得,进行课堂讨论。

可举办活动:1. 诗词赏析会:学生分组选择诗词进行赏析,并分享给全班;2. 诗词感悟写作:学生将自己的诗词赏析心得写成短文或诗歌。

(三) 第三部分:诗词吟诵

目标是培养学生的诗词吟诵能力,感受诗词的韵律美,加深学生对诗词情感的理解和表达。教学内容为教授学生基本的诗词吟诵技巧和方法。选择不同风格、不同情感的诗词供学生练习吟诵。鼓励学生尝试配乐吟诵,或结合舞蹈、戏剧等艺术形式进行表演。

可举办活动:1.诗词吟诵比赛:学生分组或个人进行诗词吟诵表演,评选最佳吟诵者;2.诗词配乐会:学生为诗词选择合适的音乐进行配乐吟诵。

(四)第四部分:诗词剧场

目标是培养学生的综合艺术素养和创新能力,让学生通过实践活动更深入地理解和体验诗词的魅力。引导学生将诗词改编成戏剧、小品等艺术形式进行表演,教授学生舞台表演的基本技巧和方法,鼓励学生自主创作与诗词相关的艺术作品(如绘画、书法、舞蹈等)。

可举办活动:1.诗词戏剧节:学生分组将诗词改编成戏剧进行表演;2.诗词艺术展:展示学生创作的与诗词相关的艺术作品。

通过这四个部分的课程安排,学生可以从多个角度、多个层面接触和理解经典诗词,逐渐提高自己的诗词鉴赏能力、吟诵能力与综合艺术素养。同时,这种循序渐进的课程安排也符合学生的认知规律和学习特点,有助于提高学生的学习效果和学习兴趣。

四 策略和方法

经典诗词诵读课程的策略和方法主要包括以下几点。

(一)借助诗词背景,激发学习兴趣

对于经典诗词,很多学生可能会感到难以理解或背诵。因此,首先需要激发学生对经典诗词的兴趣。可以通过引入一些有趣的故事、背景知识或相关的文化内容来吸引学生的注意力。

(二)口中有"声",感受节律之美

诵读经典诗词需要注重节奏和语感,通过抑扬顿挫、轻重缓急的诵读方式,可以更好地表现出经典诗词的韵律和美感。同时,通过语感的训练,可以帮助学生更好地理解经典诗词的含义和情感表达。

(三)互动教学,理解作品内涵

在经典诗词吟诵课程中,可以采用互动教学和兴趣教学的方式,例如让学生参与朗诵、背诵比赛等活动，或者通过音乐、舞蹈等艺术形式来表现经典诗词的内容和情感，这样可以增强学生对经典诗词的理解和记忆。

(四) 借助多媒体，生动呈现画面

在古诗词教学中，可以采用多媒体教学、网络教学等多种教学手段，通过音频、视频、图片等多种形式来呈现经典诗词的内容和情感，这样可以更加直观、生动地呈现经典诗词的美感和魅力。

总之，经典诗词诵读课程需要注重培养学生的学习兴趣和理解能力，采用多种教学手段和方法，帮助学生更好地掌握经典诗词的内涵和意义，提高学生的文化素养和审美能力。

五 评价和成效

(一) 评价

为了更科学、合理地对学生的学习成果进行诊断，在项目开展过程中我们按照促进和引导学生多元、自主发展的理念，建立了课程评价体系。这一评价体系以自我评价、学生互评、教师评价为主要评价方式，以形成性评价与终结性评价为基本内容，以学校课程目标的落实情况及学生的学习效果为检验标准，对学生的参与度、学习过程中掌握的技能以及创造能力等多个维度进行评价，量化标准详见表4-3。

表4-3 量化标准表

评价维度	评价内容	自评	互评	师评
一、在活动中参与的态度	1. 认真参加每一次活动，对每一次活动始终保持浓厚的兴趣。	☆☆☆☆☆	☆☆☆☆☆	☆☆☆☆☆
	2. 能在规定的时间内完成相应的任务。	☆☆☆☆☆	☆☆☆☆☆	☆☆☆☆☆
	3. 自信大方地表达自己的想法，具有创造性思维。	☆☆☆☆☆	☆☆☆☆☆	☆☆☆☆☆
	4. 在小组里主动发言，耐心听取他人的建议，积极参与小组合作。	☆☆☆☆☆	☆☆☆☆☆	☆☆☆☆☆

(续表)

评价维度	评价内容	自评	互评	师评
二、在活动中获得的体验	5. 与队员紧密合作,主动分享自己的想法。	☆☆☆☆☆	☆☆☆☆☆	☆☆☆☆☆
	6. 能对自己进行"反思"。	☆☆☆☆☆	☆☆☆☆☆	☆☆☆☆☆
	7. 实事求是,尊重他人想法与成果。	☆☆☆☆☆	☆☆☆☆☆	☆☆☆☆☆
	8. 遇到困难不退缩,能对复杂的问题提出自己的解决方案。	☆☆☆☆☆	☆☆☆☆☆	☆☆☆☆☆
三、在活动中学习方法的掌握	9. 能用多种途径获取信息,理解古诗词的相关知识,能向他人流利转述所学知识。	☆☆☆☆☆	☆☆☆☆☆	☆☆☆☆☆
	10. 能够正确使用劳动工具,具有一定的劳动能力。	☆☆☆☆☆	☆☆☆☆☆	☆☆☆☆☆
	11. 采用了两种以上的方法进行研究。	☆☆☆☆☆	☆☆☆☆☆	☆☆☆☆☆
	12. 能运用已有知识解决问题,将所学的古诗词知识运用到生活实践中。	☆☆☆☆☆	☆☆☆☆☆	☆☆☆☆☆
四、在活动中实践能力的发展	13. 有求知的好奇心、探索的欲望。	☆☆☆☆☆	☆☆☆☆☆	☆☆☆☆☆
	14. 独立思考、自主学习,主动发现问题、提出问题,寻求解决问题的方法。	☆☆☆☆☆	☆☆☆☆☆	☆☆☆☆☆
	15. 积极实践,发挥个性特长,施展才能。	☆☆☆☆☆	☆☆☆☆☆	☆☆☆☆☆
	16. 能合作演唱并为童谣、古诗词编舞,具有表演能力。	☆☆☆☆☆	☆☆☆☆☆	☆☆☆☆☆
	17. 能将活动过程描写具体,具有写作能力和想象力。	☆☆☆☆☆	☆☆☆☆☆	☆☆☆☆☆
五、创新性思维	18. 用新颖的思维解决实施过程中出现的问题。	☆☆☆☆☆	☆☆☆☆☆	☆☆☆☆☆
	19. 能提出与众不同的想法。	☆☆☆☆☆	☆☆☆☆☆	☆☆☆☆☆
	20. 创作的作品具有创意和美感。	☆☆☆☆☆	☆☆☆☆☆	☆☆☆☆☆
六、反馈和反思	21. 能举例来总结自己在学习中的收获。	☆☆☆☆☆	☆☆☆☆☆	☆☆☆☆☆
	22. 自我反思,能客观地评价自己的优点和不足。	☆☆☆☆☆	☆☆☆☆☆	☆☆☆☆☆

(二) 成效

在经典诗词诵读课程中,我们开发出一系列学生自主创编的诗词诵读作品作为校园广播站的展播内容。学生自主创编的草木诗集也作为班级读本在学生之间流传。学生通过诗词吟诵学习,掌握了诗词吟诵的方法,在市、区组织的经典诗词进校园活动中多次获奖。社团编排的诗词吟诵节目《鹿鸣》作为中华诗词试点学校展示作品在坪山区观摩活动中展出。

古诗词是中华民族引以为豪的珍贵文化遗产,它使我们对中华文明源远流长的历史和辉煌灿烂的成果有了更真切的了解,我们将继续通过古诗词诵读传承中华优秀传统文化,让民族文化精神深入学生的心中。

(课程设计者/撰稿者:深圳市坪山区新合实验学校　林幼妹　赵阳)

> **课程智慧 Ⅰ　创意水墨**
>
> 课程名称：创意水墨
>
> 适用年级：小学一至六年级

一　背景与理念

美术核心素养特别强调文化理解，体现对于传统文化的重视。而中国水墨画是我国的传统绘画，是我国优秀传统文化的组成部分，具有鲜明的特色和文化内涵，如今文化和艺术一体化，国画的艺术价值越来越被广泛认可。水墨动画是中国动画的特殊形式，经典水墨动画，如《小蝌蚪找妈妈》《牧笛》等，都是以中国古典音乐为背景；水墨动画的背后寓意，也是通过影像的方式来展现中国深厚的文化底蕴，例如中国传统文化中所宣扬的"谦和""孝义"等。因此，将动画与国画相融合的课堂是教育发展的趋势和本课程的创新点。

学校专门开设了创意水墨课程，让学生通过课程，能更深入地了解中国传统文化，有助于保护和传承文化遗产，为孩子提供了一个放松和表达自己的方式。

二　价值和目标

传统文化是指在长期的历史发展过程中形成和发展起来，保留在每一个民族中间的具有稳定形态的文化。对于一个民族来说，传统文化就是它的精神之源，是它的身份和象征，是区别于其他民族的标志。中国国家画院研究员吴悦石说过："用传统文化润养心灵。"水墨画作为中国优秀传统文化的一部分，具有民族性、时代性和人文性的特点。小学阶段接触传统文化的熏陶，对思维方式、价值取向、道德情操、生活方式、礼仪制度、文学艺术、教育科技等诸多方面有积极的影响。本课程以动画作为学生的兴趣点，让学生了解动画作品背后的内涵，从而渗透进水墨学习，在提高技巧的同时提高文化理解。

(一)通过动画国画相融的课程教学,提升国画技巧,完成课程展示

以动画作为兴趣切入点,通过对经典水墨动画的欣赏,引出国画的内容,使学生在阶段性学习的过程中,对水墨特性、对调配比例有清晰的认知,能独立完成一幅国画长卷,包含山水、人物主体、花鸟。通过对水墨动画的赏析,让学生对水墨画产生兴趣,从而通过模仿,掌握基础的水墨知识,在课程完成后让学生自主创作国画长卷。通过小组合作的方式,设定故事情节,分工绘制主角、背景、配音、制作定格动画,打破传统国画"静态"的模式,让绘画作品"动"起来。其余作品形式不局限于纸上的展示,可以有具体的文创作品,如手机壳、扇子,让作品融入生活物品中(见图4-2)。

图4-2 水墨作品展示

(二)通过动画国画相融的课堂教学,促进小学生综合素质的全面培养

通过对传统水墨动画、国画名家作品的欣赏临摹、创作、评述等方式,进行传统文化渗透,每一个经典水墨动画的诞生,都不是空洞地对一个故事进行陈述,其中蕴含故事背后的哲理性、寓意,比如《鹿铃》中对人与动物关系的思考,《牧笛》中所体现的"艺术源于自然",学生通过国画的学习,能体会到国画蕴含的思想哲学深意,提高其文化素养,促进综合素质的全面发展。

(三）通过国画与动画的融合，改变教学策略，总结一套适合小学阶段学生学习国画的方法

根据小学阶段的学生特点，制定教学目标和教学设计，通过实践，对学生的绘画反馈不断进行调整和总结，使学生在课程结束后都能通过学习学有所得。本阶段的学生偏向于"玩中学"，动画可以使学生产生强烈的吸引力，动画剧情的呈现也可以培养学生"说故事"的能力，从而激发学生的创作想象力。总结一套适合学校反复利用和推广的教学方法，使动画和水墨画相结合的理念能成为学校品牌特色。

三 框架和内容

针对小学阶段学生开设的课程，按照课程计划，分为初阶、中阶、高阶，共 48 课时，课程涵盖了基础的国画知识，并且通过水墨动画的结合，让学生在兴趣中学习中华文化。具体的课程内容如下。

（1）"国画基础知识讲解"课程，让学生了解基础国画。让学生明白国画的概念、水墨国画和国画的区别，对国画的常用工具及分类进行讲解，让学生对国画的学习有整体的认识。

（2）"国画作品欣赏"课程，赏析名家作品的优点。通过对国画大师包括吴昌硕、张大千、潘天寿、齐白石等作品的欣赏，对于构图、形式进行分析欣赏。有利于丰富教学内容，同时在学生没有形成系统的审美观念上进行引导，提高学生的审美能力，促进后续教学的顺利开展。

（3）"国画线条造型讲解"课程，培养学生对线条的感知力。练习国画线条，强调线条的顿挫，包括铁线描、兰叶描、游丝描等线描技法的使用，欣赏吴冠中的《春日线》作品，做个小临摹。模仿吴冠中的线条，制作以"线之美"为主题的手绘书签。

（4）"国画色彩讲解"课程，培养学生的色感。以陈家泠的作品为例，进行国画颜料名称的讲解，对基础调色、调配比例进行示范，让学生进行色彩搭配，完成一幅色彩实验作品。

（5）"国画造型分类讲解"。国画学习将会分类进行教学，分为四个大模块，分别是植物、动物、山水、人物。

（6）水墨长卷展示，国画文创作品产出。学生根据前期水墨动画欣赏与学习，进行水墨长卷的绘画,要求:①绘画内容涵盖了人物、动物、植物、山水等;②内容完整;③有简短的故事情节。

(7) 定格动画展示。学生通过小组合作,拟定一个故事情节,小组成员对定格动画角色进行分工绘制,需要有背景和主体角色,二者均用国画方式进行表现,完成后用视频剪辑的方式制作定格短片,形成简短的国画动画视频(见表 4-4)。

表 4-4 水墨课程安排表

阶段	板块	任务名称	时间安排	活动目标	活动内容	实施要求	展示评价
初阶	欣赏与评述	墨韵之源	1	帮助学生了解国画的起源、特点和重要性,准备好相关材料,为后续学习奠定基础。	国画工具、水墨国画概念讲解,水墨工具的分类和认识,国画类别阐述。	对国画有基础认识。	课堂表现
		墨韵赏析	2	了解不同艺术家的创作风格、历史影响,体会其精湛的笔法、流畅的线条和独特的色彩。	名家作品赏析课。带学生一同欣赏潘天寿的代表作《百鸟朝凤》《游鱼戏藻》、吴昌硕的《白鹤图》、张大千的《千里江山图》、齐白石的《白鸽图》等。	以小组为单位,合作完成欣赏评述表格。	语言评价
	造型与表现	线条绘境	4	有助于学生掌握线条的运用。	以吴冠中的《春如线》为例,了解吴冠中的生平以及他的作品,进行不同线条的练习,通过不同的笔法,如"中锋、侧锋、逆锋"进行线条表现。	根据不同的用笔,创作出一幅点线面水墨实验画。	分段评价
		丹青韵彩	4	培养学生对色彩的感知度。	(1)通过张大千的青绿山水欣赏,体会其作品中强烈的色彩对比;让学生模仿张大千的"泼墨"。(2)以陈家泠的作品为例进行示范讲解上色技法,如点写法、托色法、罩色法、渲染法等。	(1) 让学生选择一种情感,并用色彩来表达这种情感。(2) 要求学生选择一个季节,并通过国画表现这个季节的色彩氛围。	分段评价

(续表)

阶段	板块	任务名称	时间安排	活动目标	活动内容	实施要求	展示评价
中阶		墨染生机——植物	6	借助语文中诗词的讲解,体会画作背后的故事,有助于对植物造型的掌握。	借助诗词讲解和水墨动画欣赏《竹马与铜板》《秦俑》中的竹子、梅花等。引导学生学习桃、竹子、梅花等植物的画法。	完成至少两幅植物小品作品。	分段评价
		墨香生灵——动物	6	帮助学生了解不同动物的特点。	欣赏水墨动画《鹿铃》《归宿》《小蝌蚪找妈妈》,学习水生动物以及鸡、鹿、鹅等哺乳动物的画法。	选取一位国画大师的动物画作品,要求学生模仿其中的某个元素或技法,并将其融入自己的动物画中。学习任务:完成至少两幅动物小品作品。	分段评价
		山水墨韵——山水、建筑	3	有助于学生掌握山水作品的技法。	介绍山水画的历史、特点和发展,借《新神榜——杨戬》动画,讲解山水画的基本元素、线条、墨色和色彩。借助历史中经典的建筑代表,进行融合讲解。	带领学生参观附近的自然风光或建筑,如公园、校园景色、坪山的大万世居建筑,拍摄照片,然后回来绘制自己的山水画。	分段评价
		山水墨韵——山水、建筑	3	培养学生对山水画情感的感悟与体会。	带学生一起欣赏动画作品《二胡》,体会国画中山水、建筑给画面带来的情感影响。	结合语文课本中所学的古诗词,如以李白的山水诗《夜泊牛渚怀古》为题进行一张四尺三开大小的山水画创作或两张山水小品,表现出画面的意境美。	分段评价
		墨影人生——人物	8	帮助学生更好地理解人物画的动态和五官特征。	通过对《奇食怪谈》《竹马与铜板》《秦俑》《山水情》《牧笛》中的人物进行观察,以及对周思聪的国画人物进行临摹,对人物的基本结构、动态进行训练。	安排"我的同学"这节课,让学生进行分组,先用语言快速描述出小组成员的长相特点,描述完后再结合特点将他们画出。	分段评价 语言评价

125

(续表)

阶段	板块	任务名称	时间安排	活动目标	活动内容	实施要求	展示评价
高阶	设计与应用	墨迹心声——水墨文创之旅	5	通过前期的学习和铺垫,学生能合作完成水墨文创作品制作。	将国画作品做成抱枕、手提袋、杯子、团扇、手机壳等文创作品,同时印上学校的Logo。	在学校开展艺术市集或者文化艺术节进行作品展示。	展览评价
	综合与探究	墨绘动画——水墨之美在动	6	通过造型训练,完成历史、语文的跨学科学习,学生能合作完成水墨定格动画作品。	小组合作改编或重现中国神话故事,如夸父逐日、精卫填海等,了解其道德、伦理、价值观念;小组成员对定格动画角色进行分工绘制,需要有背景和主体角色,二者均用国画方式进行表现;完成后教师用视频剪辑的方式制作定格短片,形成简短的国画动画视频。	定格动画展示。	展览评价

四 策略和方法

本课程是按照系统性的教学策略进行课程安排,按照合作、演练、欣赏和评价等部分共同构成。

1. 引入启发:引起学生的兴趣和好奇心,可以通过展示有趣的水墨画和动画作品、讲述相关艺术家的故事或者提出激发创造力的问题来启发学生。

2. 示范与解释:在课堂中进行实际演示,以展示水墨画的基本技巧和原理,解释步骤并回答学生的问题。

3. 互动讨论:鼓励学生参与讨论,分享他们对水墨画和动画的看法,以及作品的创意性。

4. 实践演练:提供给学生机会亲自实践。他们可以先练习水墨画的技巧,由简到繁循序渐进地学习,然后将他们的国画作品制作成定格动画展示出来。鼓励学生尝试不同的方法和创作风格。

5. 小组合作：将学生分成小组，让他们一起合作创建水墨画的故事情节，可以是传统神话故事的改编，也可以是经典故事的绘画再现。这样有助于促进学生间的协作和交流。

6. 艺术欣赏：观看和分析有关水墨画与水墨动画的艺术作品，以帮助学生更好地理解水墨国画的特点和创新的可能性。

7. 反馈和评价：提供有针对性的反馈，帮助学生改进他们的作品。可以使用标准化的评价标准，同时也鼓励学生互相评价和分享建议（见图4-3）。

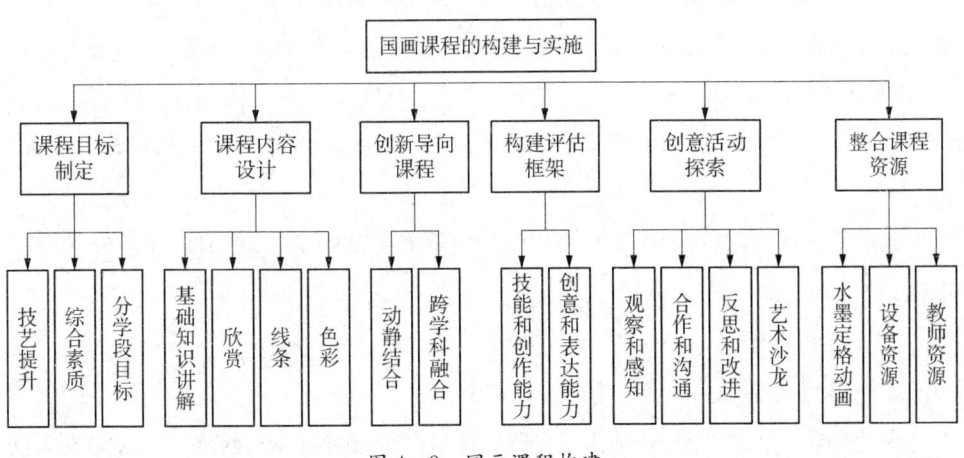

图4-3 国画课程构建

五 评价和成效

（一）学生自评

1. 收集作品和材料

学生整理学期中完成的水墨画作品、绘画草稿、笔记和其他相关材料，作为展示内容。

2. 自我反思

学生可以思考以下问题来帮助自己进行自我评价：

(1) 我在水墨画课上取得了哪些进步？有哪些方面还需要改进？(10 分)

(2) 我是否成功表达了课程所要求的主题或情感？(20 分)

(3) 我是否尝试了不同的技巧和风格？(10 分)

(4) 我是否能够清晰地表达自己的创意和个性？(20 分)

3. 分析作品

学生可以逐一分析自己的作品，思考它们的优点和不足之处。这些问题可以作为参考：是否有什么具体的艺术元素需要改进，比如线条、色彩、构图等？(10 分)

4. 制订目标

基于自我反思和作品分析，学生可以为下个学期制订艺术学习目标。这些目标可以包括提高特定技巧、更多地尝试新的创作方式、更深入地探索主题等。(20 分)

5. 分享和讨论

学生可以选择与老师、同学或家长分享他们的自我评价报告，以获取反馈和建议。(10 分)

通过学生自评，能让学生对自己所学的内容有更清晰的认知，有助于后续的课程探究。

(二) 学生互评

1. 明确评价标准

在进行学期互评之前，教师为学生明确评价标准，包括技巧、创意、表达、完成度及合作配合度几个方面的标准，确保学生了解如何评价作品。其中这五点各 20 分，总分为 100 分。

2. 分配互评任务

教师将学生分成小组，每个小组中的学生互相负责评价对方的作品。这样可以确保每位学生都有机会参与评价和被评价。

3. 指导互评过程

提醒学生在评价时要客观、具体和富有建设性。

4. 总结互评经验

学生可以在学期结束时总结互评的经验，讨论他们从中学到的东西以及如何应用到未来的学习中。

通过学生间的评价,能让学生从别人的作品中发现自己的不足,学习优点,并且提高审美意识。

(三) 教师评价

国画水墨课的评价方式可以包括多个方面,以全面了解学生的绘画技巧、创意和艺术理解能力。以下是一些评价标准:

1. 作品评价

技巧评估:考查学生的水墨画技巧,包括墨的运用、线条的精确性、颜色的搭配等。

创意评估评价学生的创造力和艺术表达能力,看是否能在作品中展现个性和独特的思考。

主题表达:检查学生是否能清晰地表达课程所要求的主题,如风景、人物、动植物等。

完成度:评估学生的作品是否完成,是否有足够的细节和深度。

2. 课堂参与

学生的参与度和积极性也可以考虑在评价中,包括出勤、课堂参与、完成课堂练习等。

评价方式根据课程目标和学生的年龄和水平进行调整。其中,学生自评、互评、教师评价按照40%、30%、30%的比率计算出最后课程分数。教师和学生在评价中应更注重艺术的个性与创造力,而不仅仅是技巧的评价(见表4-5)。

通过学生自评、同学互评和教师评价能够更全面、多维度地对学生个人的水墨课程进行评价和总结。

表4-5 创意水墨教学评价表

时间: 年 月 日 星期_____ 第_____节						
执教者					
课 题		班 级		科 目	美术
项目及权重					

(续表)

评价项目	评价标准	分值	评分
课堂表现 (16分)	1. 态度端正,遵守纪律。	4	
	2. 积极参与教学活动。	4	
	3. 认真思考讨论,大胆表述。	4	
	4. 准备学习材料。	4	
语言评价 (12分)	5. 能用恰当的语言表述自己的想法。	4	
	6. 能结合历史时代背景进行分析。	4	
	7. 对作品的艺术手法、主题、作品特点进行全面的评价。	4	
分段评价 ——初级 (20分)	8. 笔法运用是否准确(中锋、侧锋、斜侧锋)。	6	
	9. 水墨运用(五种墨色:焦、浓、重、淡、清)。	7	
	10. 色彩搭配是否和谐(泼墨、罩染、撞色)。	7	
分段评价 ——中级 (20分)	11. 借鉴水墨动画,动植物造型是否准确。	8	
	12. 山水创作的构图、几种皴法的运用、树的画法。	6	
	13. 人物的动态特点、神态表情是否抓得准确。	6	
分段评价 ——高级 (20分)	14. 能较好地融合所学的国画基础知识完成创作。	10	
	15. 作品有基本的创作思路,具有创意性,能体现出对生活的感悟和思考。	6	
	16. 能与同学合作完成,互相取长补短。	2	
	17. 能小组合作,自编故事情节,完成定格动画绘制图。	2	
展览评价 (12分)	18. 能利用国画进行文创制作(手提袋、摆件等)。	6	
	19. 对完成作品进行自评互评。	6	
评 分		100	

(课程设计者/撰稿者:深圳市坪山区新合实验学校 吴舒雨)

课程智慧 Ⅰ　Chinese Traditional Culture（中国传统文化）

课程名称：Chinese Traditional Culture（中国传统文化）

适用年级：中学七至八年级

一　背景与理念

（一）课程背景

英语作为一门外语，是传播人类文明成果的重要载体，对中国走向世界、让世界了解中国具有重要作用。在全球化的今天，文化交流与融合已成为不可逆转的趋势，英语学习也一直面临着纵向的文化价值选择和横向的中西方文化价值冲突的挑战。因此，《义务教育英语课程标准（2022年版）》将文化意识定义为英语学科的核心素养之一，旨在通过对中外文化的理解和对优秀文化的鉴赏，增强家国情怀和人类命运共同体意识，涵养品格，提升文明素养和社会责任感。

中国传统文化是在长期历史发展过程中形成，历经数千年演进与融合，具有鲜明民族特色的文化体系，反映了中华民族的文化特质和精神风貌。它是民族历史上道德传承、各种文化思想、精神观念形态的总体表征，是中华文明成果根本的创造力，在世界上也占据着举足轻重的地位。中国传统文化以其独特的魅力和智慧，吸引着世界各地的人们前来学习和交流，促进了不同文化之间的交流与对话，在文明交流互鉴中发挥着重要作用。

本课程以中国传统文化为主题，旨在用英语语言作为学习的载体和媒介，让学生深入了解中国悠久的历史文化，感受中华民族的独特魅力。在课堂上，通过阅读文本材料、欣赏英语视频、演讲、表演、趣配音等形式，学生不仅能够提高英语口语表达能力、文本解读能力和表演能力，进一步增强对中国传统文化的认识和了解，更重要的是本课程培养学生的文化自觉、文化自信以及跨文化交流能力，这将有助于学生在未来的学习和工作中更好地融入国际社会，为中国传统文化的传播和发展作出贡献。

(二) 课程理念

中国传统文化是指中华民族在长期历史演进中所形成的具有独特性的价值观、思想体系、艺术文化和风俗习惯的文化体系。在全球化时代,跨文化交流成为各国之间沟通的重要手段。英语作为国际通用语言之一,是各国之间进行交流的重要工具。因此,在英语课程中融入中国传统文化,有助于加强学生对中华文化的理解与认同感,提高跨文化交流能力。

中国传统文化融入英语课程应坚持以下理念。

1. 文化平等理念:在跨文化交流中,应坚持文化平等的原则。中国传统文化融入英语课程不是削弱英语的地位,而是要在保持文化多样性的基础上,增强学生对不同文化的理解和包容。

2. 跨文化交流理念:英语课程中融入中国传统文化,是培养学生的跨文化交流意识。通过学习,学生能够了解中国传统文化的精髓,并能用英语向世界传播中国文化,促进中西文化交流。

3. 弘扬中国传统文化理念:在融入中国传统文化的过程中,引导学生认识中国传统文化的独特价值和贡献。通过学习,学生能够深入了解中国传统文化的内涵和精神,增强民族自豪感和文化自信。

二 价值和目标

中华民族五千多年悠久历史孕育形成的优秀传统文化,蕴含着深刻的哲学思想、人文智慧和文化意涵。英语课程融入中国传统文化具有重要价值,主要体现在以下几个方面。

1. 提升语言学习能力:学习中国传统文化可以帮助学生更好地理解和使用英语,提高他们的语言表达能力。同时,通过比较中西方文化的异同,求同存异,增强学生的文化意识和跨文化交际能力。

2. 培养全球视野:将中国传统文化融入英语课程可以帮助学生了解世界各地文化的多样性,培养他们的全球视野和国际意识。通过比较和交流,学生可以更好地理解和尊重不同的文化,提高他们的跨文化交流能力。

3. 弘扬中华文化:将中国传统文化融入英语课程,让学生在学习英语的同时,更好地了解和传承中华文化。通过向世界传播中华文化,增强学生的民族自豪感和文化自信,也有助于中华文化在国际舞台上的传播和发展。

新课标明确提出英语教育应有利于学生坚定文化自信,形成自尊、自信、自强的良好品格,理解中国特色社会主义文化,能够在跨文化交流中讲好中国故事,坚定中国文化立场。因此。在本课程中,我们应注重以下几个方面。

1. 培养学生的文化意识:通过融入中国传统文化,帮助学生更好地了解中华文化的内涵和精神,培养他们的文化意识和跨文化交流能力。

2. 增强学生的语言能力:学习中国传统文化可以培养学生的英语阅读、写作、翻译等技能,提高语言表达能力。

3. 培养学生的综合素质:通过融入中国传统文化,培养学生的文化自信、思辨能力和创新思维等综合素质,为他们未来的发展打下坚实的基础。

总之,将中国传统文化融入英语课程具有重要的价值和目标。通过融入中国传统文化,能更好地提升学生的语言学习质量,培养全球视野,弘扬中华文化,同时进一步提升他们的跨文化交流能力,培养学生对中国传统文化的兴趣和热爱,增强文化自信心。

三 框架和内容

本课程围绕中国传统文化这一主题,通过中国传统节日、传统习俗、名胜古迹及科技成就四大专题探寻中国传统文化,增强学生的文化自信,提高英语学习的兴趣。此外,通过英语演讲、手抄报、英语趣配音、戏剧表演等形式,提升学生英语听说读写能力,锻炼学生的动手能力和信息技术素养,提高学生的综合素质。课程框架如图4-4所示。

根据学生的实际情况,将课程进行系统的划分,明确课程安排、课程目标、课程内容、实施要求、时间安排、预期成果形式等,本课程各专题具体内容如表4-6所示。

```
                        ┌─────────────┐
                        │ 中国传统文化 │
                        └──────┬──────┘
        ┌────────────┬─────────┴────────┬────────────┐
        ▼            ▼                  ▼            ▼
  ┌───────────┐ ┌───────────┐    ┌───────────┐ ┌───────────┐
  │专题一 传统节日│ │专题二 传统习俗│    │专题三 名胜古迹│ │专题四 科技成就│
  └─────┬─────┘ └─────┬─────┘    └─────┬─────┘ └─────┬─────┘
        ▼             ▼                 ▼             ▼
```

| 1.传统节日：清明节、端午节、中秋节、重阳节、春节等 2.文化遗产：园林、寺庙、建筑等 | 1.中国特色风俗文化：茶文化、八大菜系、传统服饰、传统礼仪等 2.西方相关风俗文化 | 1.自然遗产：山脉、河流、地貌等 2.文化遗产：园林、寺庙、建筑等 | 1.古代科技成就：四大发明、中医药、都江堰等 2.现代科技成就：高铁、天眼、卫星、杂交水稻等 |

```
        ▼             ▼                 ▼             ▼
  《用英语讲好中国   《中西文化对比》   《环游世界》    《我是小小发明家》
    故事》演讲比赛   项目汇报          手抄报          科创作品展示
```

                    ┌────────────────────┐
                    │ 培养学生的听说读写能力 │
                    └────────────────────┘

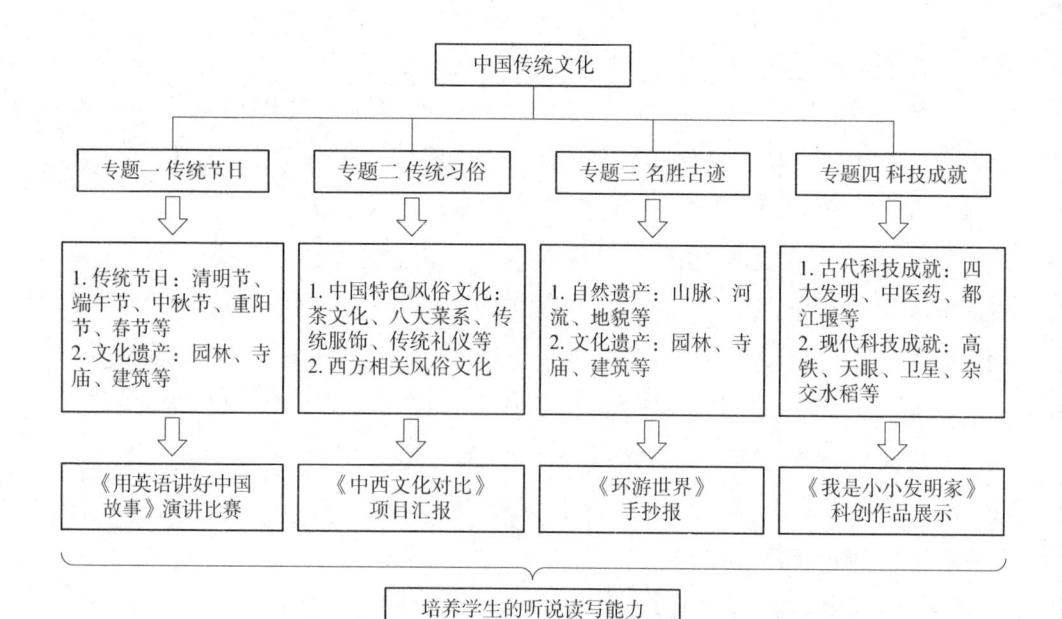

图 4-4　Chinese Traditional Culture 课程框架

表 4-6　Chinese Traditional Culture 课程内容

专题	课程目标	课程内容	实施要求	时间安排	预期成果形式
专题一：Chinese Traditional Festivals	1. 了解中国传统节日及习俗；2. 用英语介绍传统节日，参与主题活动。	中国传统节日（清明节、端午节、重阳节、中秋节、春节等）	1. 教师做好 PPT 与教学设计，搜集相关的视频资料，补充有关的英语表达；2. 学生跟随教师了解各种传统节日的历史，学以致用，进行语言输出。	10课时	演讲：《用英语讲好中国故事》
专题二：Chinese Traditional Customs	1. 了解中国各具特色的风俗文化；2. 与西方相关的风俗作对比，体会中西方文化差异。	1. 中国特色风土文化：茶文化、八大菜系、中国传统服饰、中国传统礼仪等；2. 西方相关的风俗文化。	1. 教师做好 PPT 与教学设计，提供丰富的视频与图文资料，补充相关的背景知识；2. 学生了解中西方不同的风俗文化，体会两种文化的差异及背后的原因，更好地进行跨文化交际。	10课时	项目汇报：《中西方文化对比》

(续表)

专题	课程目标	课程内容	实施要求	时间安排	预期成果形式
专题三：Scenic Spots & Historical Sites	1. 了解不同国家、地区、城市的旅游景点； 2. 能熟练运用英语对某一景点进行介绍。	1. 自然遗产：山脉、河流、地貌等； 2. 文化遗产：园林、寺庙、建筑等。	1. 教师做好PPT与教学设计，搜集相关的视频资料帮助学生了解。 2. 学生了解中国著名的名胜古迹，能够扮演导游用英语对某一景点进行介绍。	10课时	手抄报、视频录制：《环游世界》
专题四：Achievements in Science & Technology	1. 了解中国古代和现代的科学技术成就； 2. 结合其他课程，制作科技作品并进行介绍。	1. 古代科技成就：四大发明、中医药、都江堰等； 2. 现代科技成就：高铁、天眼、卫星、杂交水稻等。	1. 教师做好PPT与教学设计，提供丰富的视频与图文资料，补充相关的背景知识。 2. 学生了解中国不同时期的科学技术成就，能结合其他课程知识用英语介绍自己制作的一个小科技作品。	10课时	展示：《小小发明家》科创作品

四 策略和方法

（一）以主题为引领选择与组织课程内容

在课程内容的选择上，本课程将围绕中国传统文化的核心元素展开，如节日、习俗、名胜古迹、科技成就等。通过深入挖掘这些元素的内涵与价值，让学生在了解中国传统文化的同时，也能感受到其中蕴含的深厚历史底蕴和独特艺术魅力。

在组织课程内容时，以主题为主线，将相关知识进行有机整合。例如，以"中国传统节日"为主题，可以将春节、清明节、端午节、中秋节等节日的起源、习俗、文化内涵等进行系统介绍。同时，结合英语学习的实际需求，设计相关的语言实践活动，如节日对话、文化介绍、故事讲述等，让学生在实践中提高英语表达能力。

此外，强调文化的传承与创新。在传授中国传统文化的同时，要引导学生思考如何在现代社会中传承和发扬这些文化元素。同时,鼓励学生将中国文化与西方文化进行对比分析,培养他们的跨文化交际能力。

(二) 注重"教—学—评"一体化设计

在教学过程中,注重"教—学—评"一体化设计,激发学生的学习兴趣和主动性,鼓励他们积极参与课堂讨论、角色扮演等互动环节,从而加深对文化知识的理解与掌握,实现教学效果的最优化。

在学习方面,强调学生的自主学习与合作学习相结合。通过布置与主题相关的预习任务、阅读材料和课堂练习,引导学生主动探索、积极思考。同时,鼓励学生之间的合作与交流,通过小组讨论、成果展示等形式,培养他们的团队协作能力和创新思维。

在评价环节中,采用多元化的评价方式,包括课堂表现、作业完成情况、项目展示等。注重过程性评价与结果性评价相结合,既关注学生的学习成果,又重视他们在学习过程中的表现与进步。通过评价能够及时了解学生的学习情况,从而更好地为他们提供有针对性的指导和帮助。

通过"教—学—评"一体化设计,能够实现教学、学习与评价的有机衔接,提升英语课程教学的整体效果。学生在这一过程中不仅能够掌握英语语言知识,还能够深入了解中国传统文化。在课程学习中,学生的跨文化交际能力得到进一步提升,为未来的全面发展奠定坚实基础。

(三) 推进信息技术与英语教学的融合

本课程将充分利用现代信息技术的优势,如多媒体、网络、人工智能等,为英语教学注入新的活力。通过制作精美的课件、视频和音频材料,将中国传统文化的魅力以更加直观、生动的方式展现给学生,激发他们的学习兴趣和热情。

同时,教师通过借助信息技术,构建多样化的学习平台。利用在线学习系统、互动教学软件等工具,为学生提供个性化的学习资源和路径,满足他们不同的学习需求。学生通过这些平台,随时随地地进行自主学习与合作学习,与老师和同学进行实时互动,提高学习效率和质量。

五 评价和成效

（一）评价内容

中国传统文化课程评价的内容涵盖以下几个方面。

（1）学生对中国传统文化的理论知识掌握情况。这包括对中国传统文化的基本概念、历史演变、主要特点和代表人物的评价。

（2）学生对中国传统文化的实践应用能力。这包括学生对传统文化的体验、感悟和参与程度，如参加传统文化活动、表演传统艺术等。

（3）学生对中国传统文化的情感态度和价值观的认识。这包括学生对传统文化的认同度、尊重度和传承意识。

（二）评价方式

本课程的评价方式综合了阶段性评价、形成性评价和总结性评价，以全面、系统地评估学生的学习进程和学习成果。

1. 课程阶段自评

阶段性评价注重在课程的各个关键节点，对学生的学习情况进行考查和评估。例如，在每个专题结束后，通过展示、作业或实践活动等方式，如录制视频、制作手抄报等，考查学生对中国传统文化的理解和应用能力。另外，学生在完成专题学习后利用自评表对自己的学习情况进行自评（见表4-7）。这种评价方式有助于教师及时了解学生的学习情况，以便调整教学策略，确保教学目标的达成。

表4-7 课程阶段自评表

Assessment standards（评价标准）	Rating
I understand the descriptions about some Chinese traditional festivals. （理解中国传统节日的内容）	☆☆☆☆☆
I know the similarities and differences about some Chinese and western festivals. （了解中外节日的异同）	☆☆☆☆☆

(续表)

Assessment standards（评价标准）	Rating
I understand the meaning and importance of Chinese traditional festivals.（理解中国传统节日的意义和重要性）	☆ ☆ ☆ ☆ ☆
I can introduce a Chinese traditional festival.（介绍一个中国传统节日）	☆ ☆ ☆ ☆ ☆

2. 学生自评互评

形成性评价强调在学生学习过程中进行持续、动态的评估。通过观察学生在课堂上的表现、参与讨论的情况、小组合作的能力等方面，了解他们的学习状态和学习需求，评估学生的学习状态和效果。同时，鼓励学生进行自我评价和同伴评价（见表4-8），促进他们自我反思和相互学习。形成性评价有助于教师及时发现学生的学习问题，并提供富有针对性的指导和帮助。

表4-8 学生自评、互评表

Items（项目）	Contents（内容）	Self-evaluation（自评）	Peer-evaluation（互评）	Teacher-evaluation（师评）
Language（语言）	Volume（音量）			
	Accuracy（用词精准）			
	Fluency（表达流畅）			
Content（内容）	Complete content（内容完整）			
Strategy（策略）	Key words and mind-map（关键词和思维导图）			
Overall evaluation（总评）				
Tips: ☆☆☆ Uper: ☆☆ Okay: ☆ Come on				

3. 课程展示汇报评价

总结性评价是在课程结束时,对学生的学习成果进行全面、综合的评估。通过综合项目展示或汇报演讲等形式,检验学生对整个课程内容的掌握情况和实际应用能力。总结性评价不仅是对学生学习成果的检验,也是对课程教学效果的反馈,有助于教师总结教学经验,优化课程设计(见表4-9)。

表4-9 Chinese Traditional Culture 课程展示汇报评价表

\multicolumn{5}{c	}{Presentation Evaluation Form(展示汇报评价表)}
Criteria(标准)	Excellent(优秀)	Good(良好)	Okay(及格)	Poor(不及格)
\multicolumn{5}{c	}{Contents(内容)}
Complete(完整)				
Relevant(扣题)				
Logical(逻辑)				
\multicolumn{5}{c	}{Organization(组织)}
Neat(工整)				
Beautiful(美观)				
Creative(创意)				
\multicolumn{5}{c	}{Display(展示)}
Speak clearly(表达清晰)				
Communicate with audience(互动交流)				
Be confident(自信)				

综上所述,以中国传统文化为主题的英语课程评价方式综合运用阶段性评价、形成性评价和总结性评价,以全面、系统地评估学生的学习进程和成果,促进英语教学质量的不断提升。

(三)课程成效

本课程在锻炼学生的英语听说读写能力的同时,进一步提高学生的写作能力。用英语展示中华传统文化,在观看视频、趣配音、主题阅读、讲故事、即兴演讲、辩论等活动中进一步探寻中国传统文化之美。学生学会欣赏和理解中国传统文化的内容与核心思想,增强对中国传统文化的认同感和自豪感,能够结合时事热点,用英语讲好中国故事,在语言交流和文化碰撞中弘扬中国传统文化,厚植学生的爱国主义情怀。同时学会尊重和欣赏不同的文化观念,避免刻板印象,促进文化多样性。

以下是部分学生成果展示(见图4-5)。

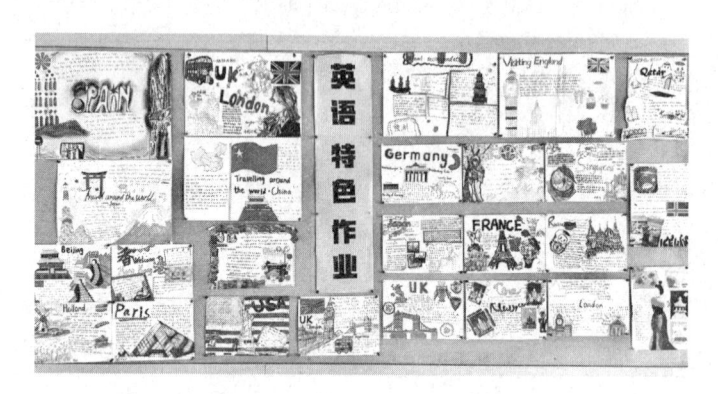

图4-5 Travelling around the World 优秀手抄报展示

总之,以中国传统文化为主题的英语课程具有极其重要的意义。它不仅有助于学生掌握英语语言技能,更能培养他们的文化意识、跨文化交流能力、创新思维和批判性思考能力,增强文化自信。本课程对于培养具有跨文化交流能力和全球视野的新时代人才具有重要作用,同时也为推动中华文化的国际传播和中外文化交流互鉴作出积极贡献。

(课程设计者/撰稿者:深圳市坪山区新合实验学校　庄汉华　张彤　黄嘉莹　何锦盈)

第五章
大规模因材施教的课程评价

　　大规模因材施教的课程评价具有发展性、增值性、个性化的特点。发展性主要体现在评价主体的多元化，评价过程动态性和连续性；增值性体现在针对学生特点，采用不同的评价方法和工具，并着眼于学生自我评价的发展；个性化体现在评价方面多元化和评价角度多维化。大规模因材施教的课程评价立足于学生个体差异，促进学生个体发展，发挥学生发展潜能，实现教育公平。

课程评价是指对教学计划、活动过程及其效果进行价值判断和分析的过程。① 它旨在为教师和学生提供关于课程的反馈,以帮助他们改进教学和学习。课程评价包括对学生学习成果的评估、教师教学方法的评估和对课程内容的评估。大规模因材施教,意味着要更关注个体差异,以实现教育公平,这对教育而言是个巨大的挑战;同样,如何制定公平、有效的课程评价,对大规模因材施教而言至关重要。

大规模因材施教的课程评价具有发展性、增值性、个性化的特点。评价的发展性是指大规模因材施教课程不仅能够在学生发展过程中进行评价,以促进个体发展为目的,而且强调评价的过程性和动态性。② 增值性是指该评价体系能够为被评价对象带来的价值增加。评价的增值性不仅关注评价的结果,还关注评价的过程和被评价者的后续发展。③ 评价的个性化是指根据学生的个体差异和需求,对学生的学习表现进行评价和反馈。④

第一,大规模因材施教的课程评价强调发展性。大规模因材施教的课程评价的发展性体现以个体发展为核心,关注个体的全面发展,包括德、智、体、美、劳多个方面,强调评价主体的多元化,包括教师、学生、家长、管理者等,能够多角度地评价学生。大规模因材施教评价的发展性注重评价过程的动态性和连续性。评价是分阶段性的,贯穿教育活动的始终,与教学环节紧密结合,形成一个动态的、循环的过程。评价的发展性还体现在灵活多样的评价方法,如观察、谈话、问卷、作品分析、测试等。评价方法的选择根据评价内容和评价对象的特点进行,以实现评价的针对性、有效性。发展性评价强调评价标准的分层和弹性。评价标准不仅要有定量指标,还要有定性描述,以体现评价的科学性和个性化。评价结果要通过适当的方式及时反馈给评价对象,以便他们了解自己的发展状况,调整学习策略,改进教育教学方法。

大规模因材施教课程的发展性评价强调对学生的学习过程进行持续性、系统性的

---

① 李雁冰. 质性课程评价研究[D]. 上海:华东师范大学. 2000.
② 陈晓耘,王伟伟,韩春燕,蒋世军. 五育融合背景下高职院校学生发展性评价的体系构建研究[J]. 中国职业技术教育. 2023(33):73.
③ 刘玉勇. 增值性评价缘起、现状与未来指向[J]. 教育评论. 2023(9):67—74.
④ 白倩,侯家英,李艺. 支持个性化发展的学习者评价之哲理溯源——基于胡塞尔现象学的分析[J]. 华东师范大学学报(教育科学版). 2023,41(11):97—107.

观察和分析。在我校的大规模因材施教课程体系中,发展性评价关注对于大规模因材施教课程的成长与发展。在我校大规模因材施教特色课程中,以特色学科发展规划、特色学科标志、特色学科建设条件、特色学科成效为一级指标,占分为14分、36分、18分和32分,单项评价A、B、C、D,为大规模因材施教课程提供可衡量指标。在特色学科成效指标(总分32)中,下设二级指标——学生的全面发展、教师的专业成长、教育科研成果、社会影响力四项。以"学生的全面成长"为例,具体的评价标准为:(1)学生的精神面貌良好,学习的主动性充分;(2)形成水平较高的特长生群体;(3)学生参与的范围比较广;(4)学生成果展示丰富。详细的指标体系和评价标准,为课程的长足发展指引方向,提供建议。

在大规模因材施教课堂中,教师根据发展性评价的原则和方法,对学生的学习过程进行实时观察和评价,发现学生的学习困难和问题,及时调整教学策略,帮助学生克服困难,提高学习效果。课堂评价具有阶段性、灵活性、综合性的特点。教师不仅对学生的学习成果进行综合性评价,关注学生的知识掌握和技能水平,还关注学生的思维品质和情感态度,从而全面了解学生的学习状况,为学生的未来发展提供指导。我校大规模因材施教特色课程注重学生成长的过程性评价和展示性评价,围绕大规模因材施教特色课程,制定《小星星成长评价手册》,对学生表现制定详细的评价指标,每学期、每学年、每学段都对学生的发展进行评价,体现发展性评价的阶段性、综合性特点。

第二,大规模因材施教的课程评价着眼增值性。大规模因材施教评价的增值性体现在评价目标与被评价者的学习和发展目标相一致,评价不仅要评估学生的知识掌握和技能水平,还要评估学生的思维品质、情感态度和价值观等方面的发展,以便为学生提供有益的反馈和指导。评价的过程应该让学生积极参与,以便评价能够更好地反映被评价者的实际情况和需求。评价根据学生的特点和需求,采用不同的评价方法和工具。评价结果应得到合理利用,既要用于学生的表彰和奖励,又要用于教师的教学改进和课程的优化。

在实施新课程标准(2022版)[①]的过程中,我校对课程的增值性进行评估和反思,

---

① 中华人民共和国教育部. 义务教育课程方案(2022年版)[M]. 北京:北京师范大学出版社,2022:3.

以促进课程的不断改进和优化。评价不仅局限于学期末或学年末,还贯穿于整个教学过程。教师可以根据教学进度和学生的学习情况,随时进行评价和反思。如在我校大规模因材施教特色课程中,教师可随时因需对学生进行评价,大规模因材施教课堂根据学生情况和教学目标及时调整教学内容,使评价更好地服务于教学,促进大规模因材施教目标的达成。

大规模因材施教课程评价的增值性还体现在强调学生自我评价的重要性上。在评价过程中,我们注重培养学生的自我评价能力,让学生能够自主地反思自己的学习过程和学习成果,从而提高学生的学习主动性和自我管理能力。我校大规模因材施教特色课程强调学生自评的重要性,设计"星愿卡"计划目标,每学期由学生进行自评是否达到目标。

通过增值性评价鼓励学生、教师和家长进行自我评价和反思,引导学生对自己的学习过程和学习成果进行自我评价,培养他们的自主学习和自我反思能力。在我校对大规模因材施教评价体系的探索中,所追求评价的增值性,具有多元化、多视角、全程动态的特点,为课程的不断改进和优化提供有力支撑。

第三,大规模因材施教的课程评价突出个性化。课程评价的个性化是指根据学生的个性特点、学习需求和学习成果等因素,采用多元化的评价方式,全面而客观地评价学生的学习成果和潜力。课程评价的个性化主要包括多维评价标准、多元评价方法、多次有效反馈。在大规模因材施教的课堂中,个性化评价可以帮助教师更好地了解学生的学习情况,针对不同的学生提供个性化的教学支持和指导,从而提高学生的学习效果和满意度。

具体来说,大规模因材施教课堂评价的个性化体现在多维的大规模因材施教评价标准。针对不同的学生,制定不同的评价标准,以反映学生的学习进步和成就。根据加德纳的多元智能理论[1],关注学生在不同领域的智能表现,如语言智能、逻辑数学智能、空间智能、肢体动作智能等,从而更全面地了解学生的潜能和发展方向。在学生的学习过程中,记录学生态度积极性和各方面参与状况和进步情况,建立学生成长档案,让学生收集反映自己成长的资料如故事、照片、数据、视频、实验、作品等。

---

[1] 柳世玉.霍华德·加德纳教育思想研究[D].哈尔滨:哈尔滨师范大学.2016:6.

大规模因材施教课堂评价体现在多元的大规模因材施教评价方法。除了传统的笔试和考试外，引入课堂观察、实践操作、小组讨论等多种评价方式，以全面了解学生的知识掌握程度和实际应用能力。针对不同的学生，使用不同的评价方法，以反映学生的学习方式和特点。例如，对于喜欢独立思考的学生，可以采用开放性问题或项目制评价；对于喜欢合作学习的学生，可以采用小组讨论或合作任务评价。在我校大规模因材施教特色课程中，除了"学生合作学习评价表"以外，还有"学生研究性学习评价表"，通过合作、探究、作品展示、观赏评价等多方面对学生进行评价。此外，体现过程性评价的学生成长档案袋与体现结果性评价的学习成果展相结合，学生可通过实践操作、作品鉴定、竞赛、评比、汇报演出等多种方式展示学习结果。

总之，大规模因材施教的课程评价更关注个体差异，以实现教育公平。大规模因材施教课程的评价关键在于充分关注学生的个体差异，为他们提供个性化的学习支持和评价体系。大规模因材施教的课程评价着眼于个体差异，力求个体发展，具有发展性、增值性、个性化的特点，充分尊重个体的发展潜能和主观能动性。通过大规模因材施教课堂评价，及时对学生的学习表现进行评价和反馈，帮助学生了解自己的学习情况，调整学习策略，提高学习效果。通过课堂提问、随堂练习等方式，实时了解学生的学习情况，及时给予评价和反馈，帮助学生调整学习策略，提高学习效果。

（撰稿者：深圳市坪山区新合实验学校　庄汉华　黄嘉莹　何锦盈　张彤）

课程智慧 Ⅰ 中华武术

课程名称：中华武术

适用年级：小学二至三年级

一 背景与理念

中华武术是中国传统文化的重要组成部分，源远流长，博大精深，蕴含着中华民族的智慧和精神。本课程以技击为主要内容，以套路、搏斗为主要运动形式，中华武术（下文简称为"武术"）不仅是一项注重身体锻炼的中国传统体育项目，也是一种注重德行培养、内外兼修的中华传统艺术呈现形式，实现帮助学生锻炼身体、培养品德、陶冶情操、增强自信等目标。

武术教育是中小学体育教育的重要内容之一，可以促进学生的全面发展，提高学生的综合素质。本课程旨在让小学二至三年级的学生了解武术的基本知识和技能，感受武术的魅力和乐趣，培养学生顽强、果断、自信、坚毅以及吃苦耐劳的精神力量，练就克己礼让、宽厚待人和见义勇为的道德品质，更能够增强学生的爱国主义情操和民族自豪感，培养对武术项目和中华文化的兴趣与尊重。

二 价值与目标

（一）习得基本武术知识

了解武术发展概况、武术学习训练等基本知识，能够正确做出武术基本手型和拳法手法、步型步法、身法套路、滚翻跌扑、平衡跳跃等基础性动作技术规格、要领、运动方向及路线，以及区分不同武术套路演练的方法和技巧。

（二）培养坚韧武术品格

通过武术学习，积极应对学习锻炼中遇到的困难，可以培养学生吃苦耐劳、坚韧不拔、顽强拼搏、团结协作的意志品质,学会面对困难时保持冷静和自信。同时,武术中的礼仪和道德规范也有助于学生正确形成规则意识、责任意识和集体荣誉感,养成良好的行为习惯和道德品质。

(三) 提高身体健康素质

通过拳法、腿法、身法一系列具体技法的身体锻炼,增强自身健康体质,提升协调性和灵敏性。通过学习武术,学生可以掌握一些基本的防身技巧,提高自我保护能力,增强安全意识。长期参与武术训练,对学生的体格发育有积极影响,有助于建立良好的身体素质基础。

(四) 领悟中华文化内涵

中华武术作为中国传统文化的重要组成部分,蕴含着丰富的历史文化内涵。通过武术课程的学习,学生可以更加深入地了解中国传统文化的精髓,传承与弘扬优秀中华民族刚劲有为的武术文化,增强民族自豪感和文化认同感。

三 框架和内容

(一) 教学重难点

1. 重点

(1) 掌握武术基本手型、拳法手法、步型步法,学会正确的动作要领。

(2) 了解武术中的身法套路,领悟其动作难点。

(3) 掌握抱拳礼等基本武术礼仪,培养学生对于武术的积极认识。

2. 难点

(1) 武术步型步法、身法套路的流畅性练习。

(2) 将武术动作合理运用于生活中的自我保护。

(二) 课堂教学方式

全程教学采用与学生面对面的互动形式,亲身讲解动作要领,分解动作思路,及时提供教师示范,强调动作的正确练习方式,在学生完成动作的过程中进行及时纠正、及时辅导与适时帮助。在课后时间,结合教师示范视频,鼓励学生在家进行课后温习、动作巩固,鼓励学生提交练习视频,教师课堂进行再纠错。

(三) 课堂教学安排

表 5-1 课堂教学实际安排

教学时长	每周两课时，每次 40 分钟，共 16 周、32 课时。			
	单元	主题	学习内容	实施要求
学习主题活动安排	武术知识	武术起源、礼仪、武德，习武的认知和方向，以及抱拳礼、竞赛礼仪等。	引导学生了解武术的起源、发展、分类、特点等基本知识。	激发学生思考，组织有趣的游戏活动，增加学习乐趣及参与度。
	武术基础手型	对武术基本动作拳、掌、勾的认识，以及配合出击路线。	注重武德教育和武术精神的培养，如尊师重道、礼貌谦逊、团结协作、勇敢坚强、不断进取。	通过抱拳礼和武德教育，养成尊师重道、礼貌谦逊的良好习惯；通过小组合作，养成团结协作、互助友爱的良好品质。
	武术基础步法	马步、弓步、仆步练习，配合基础步法冲拳。	引导学生掌握基本的武术技能，如基本功、拳法、套路，注重动作规范性和安全性，并感受武术的技巧和美感。	通过讲解示范，掌握武术基本功的动作要领和注意事项；通过分解动作，熟练掌握拳法和套路的动作组合与节奏变化。
	武术行进间练习	复习所学手型及步法，并且配合步法进行练习。		
	武术基础腿法练习	单拍脚进行分解练习（视环境再如何分解练习），熟练后在原地或者行进间练习。	以"实践体验"为核心，注重学生的动手操作和动作表现，让学生通过模仿、练习、展示等方式，有效地学习和提高武术技能。	
	武术拳法讲解分解练习	体能训练，讲解连环拳要领，分解动作练习。		
	武术模拟正式考核	分组练习、分组测试，考核所有学过的手型、步法、拳法、腿法。	以"实践体验"为核心，注重学生的动手操作和动作表现，让学生通过模仿、练习、展示等方式，有效地学习和提高武术技能。	反复练习，提高武术动作的规范度和熟练度；生生互评，提高对武术技能的鉴赏力和文化理解；小组展示，锻炼武术动作实操与动作自信。

(续表)

课程资源 学习材料	教学方法：讲解法、示范法、分解法、完整法、纠错法。 教学资源：操场(练习场地)、圆环(练习道具)、音响(练习道具)。

四 策略和方法

结合小学生的身心特点和学习需求，以下是本课程将运用到的具体教学策略和方法。

（一）教学策略

不同学生的武术基础不一样，再加之不同学生的体质不同，对武术的学习兴趣也不同，使得武术项目的课堂教学实施效果会产生较为明显的差异性，影响到协调一致的授课。

授课教师将结合班级学生的实际情况，积极地在教学中关注学生差异，做到因材施教，进而给予学生较好的学习感染和熏陶，助力学生的健康成长和提升。例如，在学习武术的套路组合内容时，教师积极地强化因材施教，结合不同学生的体质和对武术项目的兴趣爱好，合理地为学生设计武术知识学习任务，同时根据学生特质合理地设计武术训练的量，引导学生有梯度性地开展武术学习。

此外，授课教师在指导上也要积极地强化"一人一策"，给予学生更加及时和有效、有针对性的武术学习指导，继而较好地满足不同层次学生在武术课堂中的学习需要，助力教学质量的全面提升。

（二）教学方法

1. 示范分解教学法

教师通过标准的动作示范，让学生直观地了解武术动作的要领和技巧，同时鼓励学生模仿和练习，逐渐掌握正确的动作姿势。对于复杂的武术动作，教师采用分解教学的方式，将动作分解为若干个简单的部分，逐一进行教学和练习，最后再将各部分动作组合起来，形成完整的套路。

2. 合作与竞争相结合

教师在课堂中组织小组间的武术展示小竞赛，让学生在比赛中相互学习、相互激励;并且通过小组合作,学生能够更快地将武术动作和技巧融入展示、运用中,在轻松愉快的氛围中学习武术,提高学习兴趣和积极性。

五 评价和成效

(一) 评价思路

1. 教师评价

教师根据教学目标和内容,制定合理的评价标准和指标,对学生的知识掌握程度、技能运用水平、情感态度表现等进行客观公正的评价,并给予及时有效的反馈建议。

2. 学生自评

学生根据自己的实际情况,对自己的学习过程和结果进行自我检查与反思,找出自己的优点和不足,制订自己的学习目标和计划,提高自己的学习能力和效率。

3. 同伴互评

学生根据同伴的表现和进步,对同伴进行互相赞扬和鼓励,提出合理的意见和建议,促进同伴学习和发展,增强同伴之间的友谊和信任。

4. 家长评价

家长根据教师的反馈和学生的表现,对学生的武术学习进行关心和支持,给予适当的奖励和激励,帮助学生解决学习中遇到的困难和问题,增进家长与学生之间的沟通和理解。

(二) 评价标准

表 5-2 教学效果评价标准表

序号	评 价 内 容
1	了解武术发展概况、武术学习训练等基本知识。
2	正确做出武术的基本手型、拳法手法、步型步法、身法套路、滚翻跌扑、平衡跳跃等基础性动作。
3	积极应对武术教与学过程中遇到的困难,表现出吃苦耐劳、顽强拼搏、团结协作的精神。

(续表)

序号	评 价 内 容
4	具有规则意识、责任意识和集体荣誉感,能够正确看待武术比赛的胜负。
5	了解中华武术在中华传统文化中的地位与意义,传承优秀中华民族刚劲有为的武术文化。

表5-3 教学效果评价体现表

序号	学生姓名	学生自评	同伴互评	家长评价	教师评价
1					
2					
3					
4					
5					

通过结合自我评价、同伴互评、家长及教师评价,学生能够在武术练习过程中和结束后都对自身学习结果有更全面的了解和感受,并且根据多元的评价结果,学生能够对自身学习形象、学习能力有更完整、综合、客观的认知,形成更自信的武术学习观,进一步增强自身身体素质,提高应对挑战的心理适应力,坚定自我意志力和自律能力,更让学生在日常学习与生活之外,掌握了一项极具中华优秀文化内涵的、利于放松减压的运动方式。

(课程设计/撰稿者:深圳市坪山区新合实验学校 杜晨霞)

课程智慧 Ⅰ　小小书法家

课程名称：小小书法家

适用年级：小学二至三年级

一　背景与理念

书法是中华民族的文化瑰宝，是基础教育的重要内容。通过书法教育对学生进行书写基本技能的培养和书法艺术的欣赏，是传承中华民族优秀文化和培养爱国情怀的重要途径；是提高学生汉字书写能力，培养审美情趣，陶冶情操，提高文化修养，促进全面发展的重要举措。

开设书法课有助于培养学生的审美意识，增强对祖国语言文字的热爱和对中国传统优秀文化的理解，既有利于提高写字技能，也有利于增进学识修养。正确书写和运用汉字是有效进行书面交流的基本保证，是学生学习语文和其他课程，形成终身学习能力的基础。

二　价值和目标

（一）核心素养目标

1. 文化自信：感悟书法作品的艺术美，并从书法作品中体会传统文化内涵。培养学生对传统艺术和文化的热爱，增强民族自豪感。

2. 思维能力：通过赏析书法作品，启发学生的联想、想象能力，逐步掌握欣赏书法作品的方法。

3. 审美感知：了解书法的历史与流派，关注用笔与结构，理解意境与内涵，注重气息与韵味，欣赏、体会书法的形体之美、意蕴之美。

4. 应用实践：学习书法，不能仅停留在欣赏层面，更要亲自动手练习书法作品，深入实践。学生要学会借鉴优秀作品,感受其中的技巧、规律和美感,在吸收前人经验的基础上,发挥自己的创造性,形成有自己风格的书法作品,积极主动参加各类书法比赛。

(二) 具体目标

1. 掌握毛笔的执笔要领和正确的书写姿势,了解笔、墨、纸、砚等常用书写用具的用法,学会正确使用与护理。

2. 学习用毛笔临摹楷书,掌握临摹的基本方法。学会楷书基本笔画的写法,初步掌握起笔、行笔、收笔的基本方法。注意利用习字格把握字的笔画和间架结构。

3. 开始接触楷书经典碑帖,获得初步的感性认识。尝试集字练习。

4. 有初步的书法应用意识,喜欢在学习和生活中运用自己的书写技能。

三 框架和内容

(一) 教学框架

课程中添加了多个维度的学习,目的是让学生不仅能够学习汉字的书写方法,而且能知晓汉字的发展源流与脉络,建立书法知识框架。小小书法家课程分为书法工具、笔画学习、书法知识三个部分(见图 5-1)。

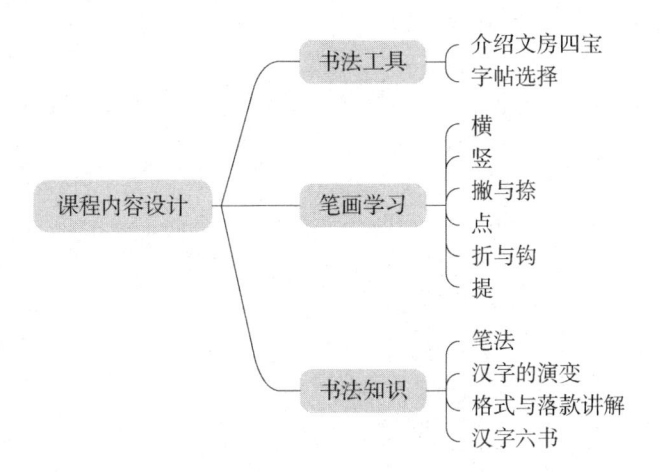

```
                          ┌ 书法工具 ─┬ 介绍文房四宝
                          │          └ 字帖选择
                          │          ┌ 横
                          │          │ 竖
                          │          │ 撇与捺
课程内容设计 ─────────────┼ 笔画学习 ┤ 点
                          │          │ 折与钩
                          │          └ 提
                          │          ┌ 笔法
                          │          │ 汉字的演变
                          └ 书法知识 ┤ 格式与落款讲解
                                     └ 汉字六书
```

图 5-1 小小书法家课程框架图

（二）教学内容

小小书法家课程重点在笔画学习部分，在笔画学习过程中，教师不仅要讲解，还要留足时间给学生练习，教师再给予指导纠正。教学过程中，尽量保证课堂的丰富多样性，减少枯燥的感觉，提升学生的课堂体验与教学成果（见表5-4）。

表5-4　小小书法家课程内容安排表

课堂主题	课时	课堂规划	教学目标/补充说明
第一课：文房四宝	1—2课时	介绍并展示笔墨纸砚等工具，对工具使用方法进行一系列规则制订，并着重强调用墨干净卫生。	入门课，了解笔、墨、纸、砚等常用书写用具的常识。
第二课：字帖选择、简介；笔画学习（横）	1—2课时	选择合适的字帖作为临摹对象，进入笔画学习阶段，课堂讲解横的写法与范字练习。	进入笔画学习阶段，讲通横的书写方法。
第三课：笔画学习（竖）	2—3课时	两种竖的讲解，书写练习。	对于竖的实际使用细节需要着重强调。
第四课：笔画学习（撇与捺）	2—4课时	撇与捺组合讲解，书写练习。	笔画形态讲解、提按引入。
第五课：笔画学习（点）	1—2课时	点的讲解练习。	重点强调点画起行收应完备。
第六课：笔画学习（折与钩）	2—4课时	横折钩、折法、钩法详解。	稍难，需要透彻分析。
第七课：笔画学习（提）	1—2课时	提法学习及练习。	较容易，复习提按的概念。
第八课：书法知识（笔法）	3—6课时	起行收；起：藏锋、露锋行：提按收：回锋、出锋圆转与方折；指腕运用。	重点知识，笔法是书法的核心，应着重讲解，让学生理解吃透。
第九课：书法知识（汉字的演变）	2—4课时	汉字发展源流、书体演变，五大书体讲解与欣赏。	拓展课，通过对书法发展史进行简单梳理，让学生对其有一定了解。

(续表)

课堂主题	课时	课堂规划	教学目标/补充说明
第十课： 书法知识（作品格式与落款讲解）	2—4课时	不同的作品格式介绍，落款方式详解。	拓展课，让学生对多种形式的作品有一定了解，为后续书写作品奠定基础。
第十一课： 书法知识（汉字六书）	2—3课时	六书、《说文解字》引入理解。	拓展课，让学生对汉字有多方位的认识，不仅会写，而且懂字。
第十二课： 作品练习	4—12课时	根据学生的书写情况进行不同形式的作品练习。	

四 策略和方法

（一）讲

1. 讲正确的姿势

正确的书写姿势对于练习写字非常重要。正确的写字姿势不仅能保证书写自如，减轻疲劳，提高书写水平，还能促进少年儿童身体的正常发育，预防近视、斜视、脊椎弯曲等多种疾病的发生。而执笔方法正确与否，关系到笔的控制能力、运笔的灵活性、书写的速度，直接影响着书写的效果。良好的执笔方法必须从小培养，否则一旦形成习惯，纠正起来很难。这是上书法课必须走的第一步，而这第一步还必须在以后的教学中时时提醒，一刻都不能放松，因为好习惯不是一朝一夕养成的，它是一个长期坚持的过程。

2. 介绍文房四宝的知识

学习书法，对于书法工具也必须了解和掌握。所谓工具，就是笔、墨、纸、砚。古人把这四样工具中的优等品——湖笔、徽墨、宣纸、端砚，合称为"文房四宝"。通过介绍"文房四宝"的相关知识，激发学生对书法工具的好奇心，从而也激发了学生对书法的兴趣。

3. 确定主题，教师范写

教师从简单笔画着手，每节课着重讲解一种笔画，再出示3—4个带有该笔画的汉字,教师采用观察、分析、比较等教学方法进行示范书写,通过示范让学生亲眼看到书写的过程,化抽象为具体。在示范书写后,让学生动手练习带有该笔画的汉字。

(二) 练

练习是上书法课的关键。老师在书法课上教给学生各种写字的方法、技巧,都是要通过学生的实际练习来掌握的。练习过程中需要跟学生强调"三到":眼到、心到、手到。眼到就是仔细观察范字的笔画、字形;心到就是认真分析范字的用笔特征、字形结构特征和各种笔画的位置,做到心中有数;手到就是下笔临字,把眼中看到的、心中体会到的用手中的笔表现出来。这样充分发挥了学生的主体作用,学生通过一个个字的训练,感受到了成功的惊喜。同时,在练习过程中感受规律,总结练习方法,这样再学其他的点画形态便相应地更容易了。在反复的训练学习中,不断提高学生的书写水平。

(三) 评

师生之间、学生之间互评。在评价中肯定优点,激发学生写字的兴趣;指出缺点,明确不足,让学生及时获得反馈的信息。以此培养学生发现问题、分析问题、解决问题的能力,最终达到理想的书写效果。

(四) 展

为了让学生享受成功的喜悦,激发学生对书法的热情,在期末会进行一些书法展览,评选优秀作品,以增强学生的荣誉感。另外,还要鼓励学生多参加校内外书法比赛,在比赛中成长,提高书写兴趣。

五 评价和成效

(一) 评价思路

1. 教师评价

教师对学生提交的书法作品采取鼓励式评价,并分阶段定期在社团集中展示学生的书法作品。同时根据评价标准指出学生作品中存在的问题,让学生知道自己在各个阶段中的表现,并根据评价激励学生不断朝着更高的目标前进。

2. 学生自评

在学生完成作品后,要留给学生一定的时间自我评价,在自我评价的过程中,对自己的书写习惯、书写过程、书写结果进行反思。肯定自己的优点,发现自己存在的问题,进一步激发书写热情,提高书写水平。

3. 学生互评

在课堂上将学生分为几个学习小组,以小组汇报的形式在班上进行交流反馈。在评价时,首先由小组长带领小组成员对每个同学的字进行评价,再选出小组中符合优秀标准的字和进步最大的字,由小组长在投影上展示,并进行评价。

(二) 评价标准

优秀:书写规范,笔画形态清晰,体现提、按、顿的基本技能,用笔有轻重之分,字的结构平正匀称,重心平稳,大小和空间关系处理比较得当,字迹端正,书面整洁。

合格:书写规范,能看出一些笔画的形态,有一些提、按、顿的感觉,字的大小匀称,结构基本合理,字迹端正,卷面基本整洁。

不合格:书写随意不规范,字迹歪斜模糊,完全没有笔画的形态,字的大小很不匀称,结构散乱,胡乱涂改。

(三) 评价成效

书法是中华民族的文化瑰宝,是人类文明的宝贵财富,是基础教育的重要内容。在本课程的教学过程中,教师以"讲练评展"为主线,结合自主赏析、小组比较、教师评价等多种形式,多角度引导和帮助学生感悟书写的要领,提升学生的书法技能,进一步提高学生的书写质量。

同时,书法赏析也是本课程教学中的重要组成部分,通过教师的引导,学生逐步掌握欣赏书法作品的方法,学会欣赏、体会书法的形体之美,意蕴之美,增强了文化自信,提高了审美素养,传承和弘扬了书法艺术。

(课程设计者/撰稿者:深圳市坪山区新合实验学校　邓丽)

课程智慧 Ⅰ 魅力毽球

课程名称:魅力毽球

适用年级:小学一至六年级

一 背景与理念

随着社会的快速发展,人们逐渐意识到终身学习和终身教育的重要性,同时也越来越意识到终身接受体育教育和参与体育锻炼的重要性。因此,学校体育不仅要为学生的终身体育筑牢坚实根基,还要促使学生养成终身体育的良好习惯,增强团结协作与公平竞争的能力。毽球运动简单易学,易于开展,中小学生通过参与毽球运动进行素质教育和终身体育教育,有利于培养良好的社会适应能力和思想道德品质。目前,毽球在我校已全面普及,并奠定了良好的技术根基,学生们走出校门后倘若能继续自发地坚持毽球运动的锻炼,将会成为推动全民健身活动的中坚力量,进而也有益于全民健身政策的实施。

二 价值和目标

(一) 价值

毽球社团自成立以来,受到学生的广泛喜爱,在"魅力毽球,毽设你我"课程理念的指引下,毽球课程致力于让学生在了解毽球文化的基础上,提升对毽球运动的学习兴趣,其价值具体体现在以下几方面(图5-2为学生参加毽球比赛剪影):

1. 以球健体

通过品质课程的开展让学生知道毽球运动这一民族传统体育项目是劳动人民智慧的结晶;能够掌握单足内侧踢毽的基本方法和技能,部分学生初步掌握磕、拐、绷、侧踢等多种踢法。踢毽球的过程中需要下肢不断进行各种动作保证毽球能够不落到地

图 5-2　学生参加毽球比赛剪影

上,这个过程中能够有效强化下肢肌肉,增强下肢力量,改善下肢血液循环,也能增强关节的灵活性。

2. 以球育德

通过毽球运动的开展使学生养成锻炼身体的习惯,磨砺学生意志,培养集体荣誉感;通过开展毽球课程,学生在提高技巧之余,提高身心素质,成为一个既热爱学习又热爱运动的人。

3. 协调性的提升

踢毽球时需要一只脚作为支撑点,且在保证毽球不落地的基础上,用手、脚、肩等部位进行各种各样的花式踢法,这个过程可以有效提高身体的协调性。

(二) 目标

依据《体育与健康课程标准(2022年版)》提出的课程目标、学科核心素养体系及其发展重点,参考以往课堂学习目标的常见分类方法,提炼出了运动能力、健康行为、体育品德三个方面的核心素养,并以此为课程实施的出发点和落脚点。

1. 运动能力

通过参与毽球技术动作和毽球规则的学习,来培养学生的基本运动能力,提高体能、运动认知和专项运动技能的掌握与运用。

2. 健康行为

通过毽球视频、竞赛裁判知识等方面的学习,学生能够适应竞赛规则,掌握并正确参与竞赛,养成良好的锻炼习惯,形成正确的体育竞赛意识。

3. 体育品德

通过毽球团队比赛、小组对抗等形式,使学生了解并遵循毽球项目的竞赛规则与行为规范,推动学生弘扬体育精神,形成良好的体育道德和品德。

三 框架与内容

(一) 教学框架

魅力毽球课程共包含五大类基本技术动作及由脚、肩、胸等多个部位触球的组合练习,详情见图5-3。

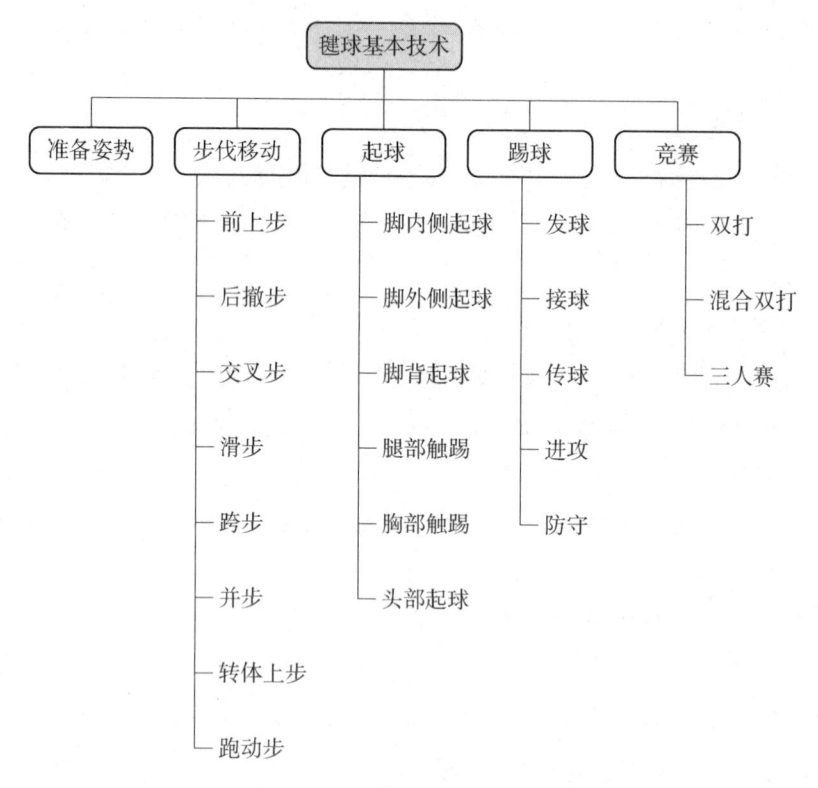

```
                    毽球基本技术
    ┌──────┬──────┬──────┬──────┐
  准备姿势  步伐移动   起球    踢球    竞赛
            ├前上步   ├脚内侧起球 ├发球   ├双打
            ├后撤步   ├脚外侧起球 ├接球   ├混合双打
            ├交叉步   ├脚背起球  ├传球   └三人赛
            ├滑步     ├腿部触踢  ├进攻
            ├跨步     ├胸部触踢  └防守
            ├并步     └头部起球
            ├转体上步
            └跑动步
```

图5-3 魅力毽球课程框架图

(二) 教学内容

魅力毽球课程强调战术运用,让学生了解在比赛中如何选择正确的技术和战术策略,以赢得比赛,本课程共计39课时,课程详细课时安排见表5-5。

表5-5 魅力毽球课程课时安排表

课次	教学内容	课时安排	教学重难点
1	踢毽球的好处	1课时	重点:认识毽球的发展 难点:培养对毽球的兴趣
2	脚内侧踢球(盘踢)	4课时	重点:屈膝降重心 难点:踝关节内屈端平
3	脚外侧踢球(拐踢)	2课时	重点:屈膝降重心 难点:踝关节外屈端平
4	脚正背踢球	2课时	重点:屈膝降重心 难点:绷脚抖腕
5	触踢	2课时	重点:屈膝降重心 难点:大腿的前部分(靠膝盖部位)向上提拉触球
6	腿触踢	2课时	重点:屈膝降重心 难点:大腿的前部分(靠膝盖部位)向上提拉触球
7	胸触踢	2课时	重点:两臂自然微屈,两肩稍向后拉挺胸 难点:两脚蹬地,身体挺起(也可不挺起)用胸部触球
8	准备姿势与移动	2课时	重点:屈膝降重心 难点:两膝弯曲内扣,重心稍前移下降
9	前上步、后撤步移动	4课时	重点:屈膝降重心 难点:踢球脚蹬地,支撑脚移动
10	左右滑步移动	4课时	重点:屈膝降重心 难点:左(右)脚发力侧蹬地,重心侧移,同时右(左)脚向侧迈出,左(右)脚迅速跟上,成准备姿势,也可连续滑步
11	交叉步移动	2课时	重点:屈膝降重心 难点:左(右)脚从右(左)脚前往右(左)侧交叉迈出,同时右(左)脚向外侧蹬地,从左(右)脚后侧迈出,呈踢球准备姿势

(续表)

课次	教学内容	课时安排	教学重难点
12	跨步移动	2课时	重点:屈膝降重心 难点:支撑脚用力向前或斜前方跨出一大步,踢球脚跟进跨出呈准备救球姿势
13	并步移动	1课时	重点:屈膝降重心 难点:重心转移
14	转体上步移动	1课时	重点:屈膝降重心 难点:左转体时,以左脚为中枢,右脚蹬地,重心下降后稍后移,以髋带动向左转体90—180度,上步呈踢球准备姿势
15	跑动步移动	1课时	重点:屈膝降重心 难点:降重心跑动,止步时呈踢球准备姿势
16	脚内侧发球	1课时	重点:屈膝降重心 难点:抬腿加转髋,小腿向前上,内踝加力用内足弓部位推踢球
17	自抛进攻	2课时	重点:抬大腿送髋 难点:脚踝下压,脚踝下压上下肢协调
18	双人防守	2课时	重点:屈膝降重心 难点:预判移动
19	比赛	2课时	合理利用技战术运用,勇于拼搏

四 策略和方法

(一) 教学思路

毽球课程的设计特色主要体现在通过真实情境下的毽球教学激发学生对毽球运动的兴趣,学习单一技术、进阶组合技术以及简单技战术的运用。

首先,通过真实情境下的毽球教学激发对学生毽球运动的兴趣。整个单元教学都非常关注学生的学习兴趣,每节课都以真实情境为出发点,设计不同的"学、练、赛"内容,让学生在真实情境中体验毽球、感受毽球,激发学生对毽球运动的兴趣。

其次,单一技术进阶组合技术以及简单技战术运用。在技术教学中,帮助学生在单个技术掌握的基础上,逐步将两至三个技术组合起来进行运用练习,更贴近实战比赛。在战术教学中,力争让学生做到知其然更知其所以然,同样是三防战术,如何变化与有何区别,在学生理解的基础上,使战术的运用更加合理。

最后,毽球场地不同区域的比赛设计与实施。比赛是毽球项目具有魅力的显著特征,能够充分展现学生的技能与体能掌握状况、技战术运用状况以及品德的培养。所以每节课都会安排针对课堂学练内容的教学比赛。此外,针对学习内容的不同,安排个人技能挑战赛、团队小比赛和单元后期的小组比赛,通过对比赛中的条件限制和对学生行为的要求,在潜移默化中提升学生的核心素养。

(二) 教学方法

1. 分层教学法

根据学生的技能水平,将学生分为不同层次的小组,进行有针对性的教学。

2. 游戏教学

通过设计有趣的毽球游戏,让学生在游戏中学习技能,提高学习效果。

3. 合作学习

鼓励学生之间互相学习、互相帮助,提高学生的自信心,让他们感受到学习和成功带来的乐趣,在互相学习中增进同学之间的感情,明确自身不足,取长补短。

4. 完整示范法

以学生探究学习为主线,激发学生的学习兴趣,促进学生积极主动学习。

五 评价和成效

(一) 评价方式

1. 运动技能性评价

学生通过完成颠球、行进间颠球、限定区域内高球的组合动作判断其运动技能等级,详情见表 5-6。

表 5-6　运动技能性评价评分表

运 动 技 能	评价等级
脚内侧连续颠球 50 次以上,毽球半场行进间踢球一次,两米线区域内高球连续 10 次。有两次机会完成动作组合。要求:动作规范准确,行进间踢球不断落。	★★★★★
脚内侧连续颠球 40 次以上,毽球半场行进间踢球一次,两米线区域内高球连续 8 次。有两次机会完成动作组合。要求:动作规范准确,行进间踢球断落 1 次。	★★★★
脚内侧连续颠球 30 次以上,毽球半场行进间踢球一次,两米线区域内高球连续 6 次。有两次机会完成动作组合。要求:动作规范准确,行进间踢球断落 2 次。	★★★
脚内侧连续颠球 20 次以上,毽球半场行进间踢球一次,两米线区域内高球连续 5 次。有两次机会完成动作组合。要求:动作规范准确,行进间踢球断落 3 次。	★★

2. 教学过程性评价

通过学习态度与行为、体能与运动技能、知识与认知、人际交往与合作精神、心理健康五个方面对学生进行过程性评价,详细标准见表 5-7。

表 5-7　教学过程性评价评分表

评价内容	评价标准	星级		
学习态度与行为	积极参与,形成锻炼身体的习惯。	★★★★★（　）	★★★★（　）	★★★（　）
体能与运动技能	体能良好,对于毽球的运动技能掌握较好。	★★★★★（　）	★★★★（　）	★★★（　）
知识与认知	基本掌握毽球裁判知识和比赛规则。	★★★★★（　）	★★★★（　）	★★★（　）
人际交往与合作精神	良好的社会适应能力,与同学能团结合作。	★★★★★（　）	★★★★（　）	★★★（　）

(续表)

评价内容	评价标准	星级		
心理健康	意志力较坚强,情绪稳定,自信自强,敢于拼搏。	★★★★★ (　　)	★★★★ (　　)	★★★ (　　)

3. 竞赛能力评价

通过对学生的技战术运用、心理能力、合作能力判断其竞赛能力水平,详细标准见表 5-8。

表 5-8　竞赛能力评价评分表

评价内容	评价标准	星级		
技术能力运用	发球、接发球、进攻、防守。	★★★★★ (　　)	★★★★ (　　)	★★★ (　　)
战术能力运用	小弧形防守、一拦二防。	★★★★★ (　　)	★★★★ (　　)	★★★ (　　)
心理能力	不畏惧比赛、赛中落后抗压、胜不骄败不馁。	★★★★★ (　　)	★★★★ (　　)	★★★ (　　)
合作能力	良好的竞赛适应能力,与同学能团结合作共同拼搏。	★★★★★ (　　)	★★★★ (　　)	★★★ (　　)

通过实施以上评价方式,学生集体荣誉感进一步加强,从单人训练到双人训练、从多人训练到全组训练,有的学生因无法和队友默契配合主动候补,有的因为发球的精准性而不断调整自我,为了团队荣誉不断练习,以求跟上队友的脚步。体育课程考核中一个又一个的"优"就是对他们付出的最好嘉奖。因此,这种评价方式对学生团结协作观念的加强、身心素质的提高以及运动技能的提高起到了关键作用。

(二) 课程成效

通过一学期的毽球练习,学生在技战术、心理和合作等方面都产生了显著的变化。

1. 技战术水平

首先,学生的基本功和战术意识显著提升。毽球需要高度的脚下控制和灵活的身体协调,通过持续的练习,学生们掌握了传球、接发、进攻等基本技术。同时,他们对比赛的战术理解也逐渐加深,学会了如何在比赛中进行合理的站位、灵活的换位和有效的配合。比赛中的阅读能力和应变能力也得到了提高,他们能够根据对手的特点和场上的形势作出迅速而正确的判断,从而在比赛中占据主动。

2. 心理能力

其次,在心理方面,学生们的自信心和抗压能力显著增强。在毽球比赛中,快速的节奏和激烈的对抗要求队员们在高压下保持冷静和专注。经过一学期的训练,学生们逐渐学会了如何在紧张的比赛环境中控制情绪,保持稳定的心态,不轻易被对手的得分或失误所影响。这种心理素质的提升不仅对他们的体育表现有积极影响,也对他们在学习和生活中应对其他挑战能力的培养有重要帮助。

3. 合作能力

最后,在合作方面,学生们的团队意识和协作能力得到了显著的提升。毽球是一项团队运动,要求队员之间有高度的默契与配合。一学期的训练和比赛经历,使学生们深刻体会到团队合作的重要性。他们学会了如何与队友进行有效的沟通,如何在场上互相支持和鼓励,共同面对困难和挑战。同时,他们也明白了个人的成功离不开团队的努力,团队的胜利需要每个人的奉献和合作。

总而言之,通过一学期的毽球练习,学生们在技战术、心理和合作等方面都有了显著的进步。毽球训练不仅提升了学生的运动水平,增强了学生的综合素质,还为学生的全面发展奠定了坚实的基础。

(课程设计者/撰稿者:深圳市坪山区新合实验学校　吴思敏　周繁荣)

课程智慧 | 泥塑艺术

课程名称：泥塑艺术
适用年级：小学三至五年级

一 背景与理念

"中华优秀传统文化是我们最深厚的文化软实力。"《义务教育艺术课程标准（2022年版）》指出：坚持以美育人、重视艺术体验、突出课程综合的课程理念。我国小学陶艺教学自2002年开始，国家教育部门先后发文要求将陶艺课程纳入中小学课程体系。教育界众多一线教师在小学泥塑教育的实践教学或者专题研究中给本文提供了理论与实践的指导。[1] 泥塑是我们民族的文化瑰宝，它历史悠久、以物载道，蕴含着博大精深的中华文化精神。特此结合学校的实际情况，构建了泥塑艺术课程。该课程基于学情，以核心素养为导向，进行美术大单元课程设计，明确课程目标、丰富课程内容、拓宽学习方式、开发特色活动、融入新奇元素、建立评价体系，从而形成独具特色的泥塑艺术课程。目前泥塑课程开设近三年，制订了严密的课程计划，建有专业的超轻黏土社团、陶艺社团，将泥塑艺术课程予以推广，从而促进了学生的综合发展，提升了核心素养。以落实美术核心素养为主线，引导学生积极参与各类艺术活动，感受美、欣赏美、表现美、创作美，学习和领会中华民族艺术精髓，增强中华民族自信心与自豪感（见图5-4）。

结合中小学生的认知规律和学校教育教学需要，充分挖掘博物馆资源，研究开发自然类、历史类、科技类等系列活动课程，丰富学生知识，拓宽学生视野。将传统文化、世界名画、历史文物等资源的利用贯穿于美术、历史、语文等学科的教育教学体系，完

---

[1] 郑尖.中国原始彩陶在小学美术陶艺校本课程中的开发与实践研究[D].南昌：江西师范大学，2020.

图 5-4 泥塑课程框架图

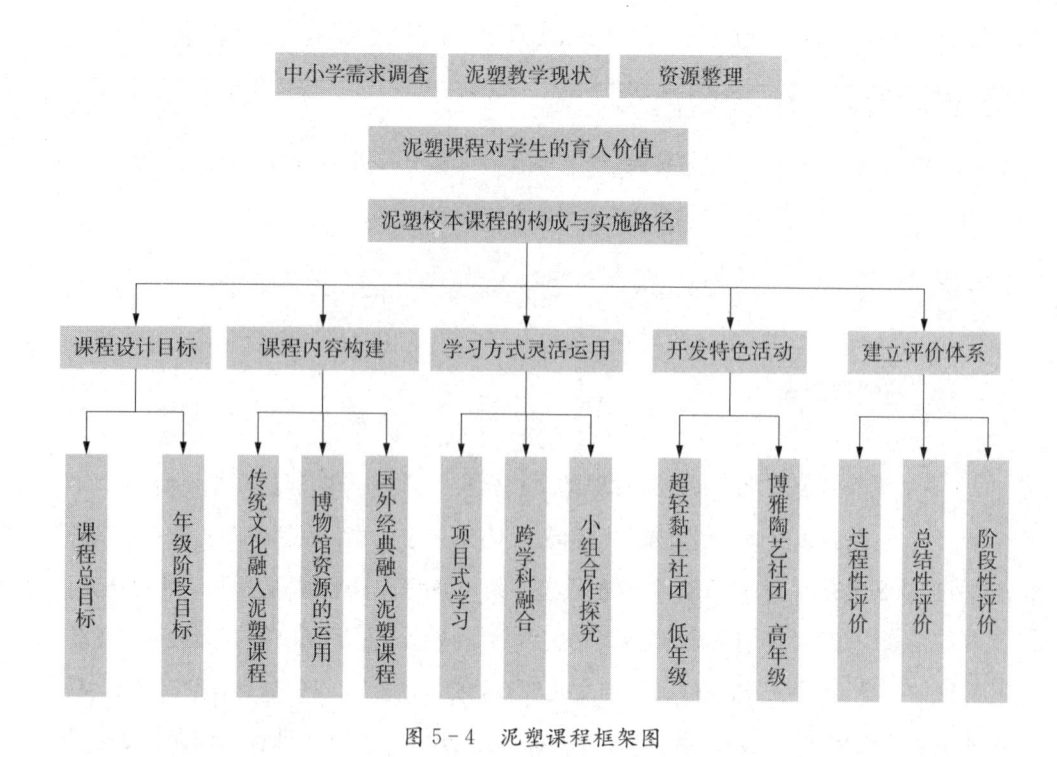

善中小学生利用泥塑学习长效机制。致力于解决学生以"文化遗产"为背景熏陶下的深度学习,并设立相应的课时,实行项目式教学,以大单元课程的形式让中小学生更加系统、全面地了解中华文化,也可以结合深圳市博物馆、美术馆的特点因地制宜,做出适应本市、本区文化遗产、博物馆情况的教学规划,充分体现了美术的核心素养——"审美感知""艺术表现""创意实践""文化理解",契合义务教育阶段艺术新课程标准的需求。

二 目标与价值

泥塑艺术课程是以培养泥塑素养为宗旨的实践性课程,根据学生的身心特点,培养他们对泥塑的兴趣和鉴赏能力,引领他们了解泥塑文化的伟大成就,学习泥塑的基本知识,帮助他们体验泥塑创作活动的过程和方法,使他们认识到泥塑在人类社会与科学技术、文化艺术等方面的作用,为以后的艺术创作、终身学习和全面发展打下基础。① 学习这门课程,有利于开发学生的创造思维,培养他们的动手能力,提高审美能力,养成健康的审美情趣和生活方式,弘扬中华民族的优秀文化,发展他们的个性,开发他们的创造潜能。

(一) 核心素养目标

1. 审美感知:在开展泥塑教育教学中,通过创造泥艺形态可以不断提升学生的审美素质。泥塑艺术作品可以让人产生愉悦的心情,泥塑本身就具有艺术美学特征,学泥塑亦是幼儿走向审美艺术的开始。

2. 艺术表现:提高了学生感受泥塑工艺现实美的能力。每一个作品都包含了学生对一样事物的美的法则的运用,是对艺术表现的深化。

3. 创意实践:泥塑教育不仅提高了学生的创造能力和想象能力,也是培养学生思维能力的一种好方法。泥艺教学不仅仅是捏泥做陶技能的发展,而是综合运用多学科知识,如语言能力、创造能力、动手能力、想象能力、观察能力等一切能力的全面培养和发展,是对学生综合能力的冶炼。②

4. 文化理解:泥塑是中国的传统文化,是素质教育的有效载体,泥塑教育更是传承千年文化的有效的、可持续性的方式,可以让学生感受中国文化,从中获得快乐,在陶冶情操的同时能够去继承、发扬和创造,这更是对民族文化传承的一种体现。

(二) 课程总体目标

教师根据不同性格、不同年龄阶段的学生制订泥塑课程的总体教育目标,在总目标的指引下层层递进,设置环环相扣的阶梯目标,目标制定完成后再选择合适的泥塑教学内容。在具体的教学过程中,制定的教学内容也相应地有所变化,由高到低、由简到繁、由易到难。根据教学效果和学生水平,再不断进行调整。课程总体目标分为低年级段(1—2年级)超轻黏土社团,以及中高年级段(3—6年级)博雅陶艺社团。

泥塑艺术课程依托中华博大精深的国粹陶瓷文化,将学生培养成有深厚的文化底蕴、有勇于创新精神的新一代学生,泥塑艺术课程教育理念如下:

---

① 郭燕.中小学美术课程特色教学探究——陶艺[D].济南:山东师范大学,2008.
② 裴慎礼.陶与艺,教与学[J].科技信息(科学教研),2008(21):290.

1. 学习趣味泥塑,感知不同文化,感受传统文化与世界经典。

2. 了解不同地区、时代的泥塑艺术的文化差异,理解地区文化特点,学会尊重、理解和包容泥塑表现形式的多样性。

3. 倾听内心感受,学会表现自我,丰富想象力,应用多种媒介、技术进行泥塑作品创意表达与交流,提升学生的艺术表现力。

4. 大胆创想创作,实现个性发展,发展创新思维,提升创意实践能力。

5. 拓展综合能力,体会美好生活。泥塑艺术能让学生认识祖国,传承并创新中华文化。

三 框架与内容

课程内容的设置是依据《义务教育艺术课程标准(2022年版)》中的美术学科课程内容"欣赏·评述""造型·表现""设计·应用"和"综合·探索"的四类艺术实践,构建多学科融合的泥塑课程(见图5-5、图5-6、图5-7)。

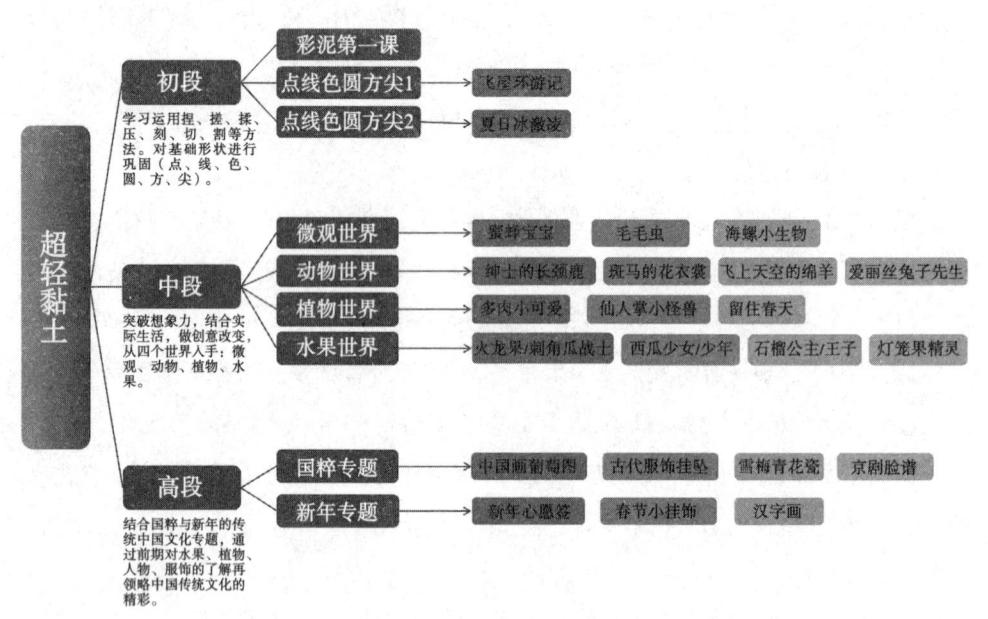

图 5-5 超轻黏土课程板块设计图1(低年级)

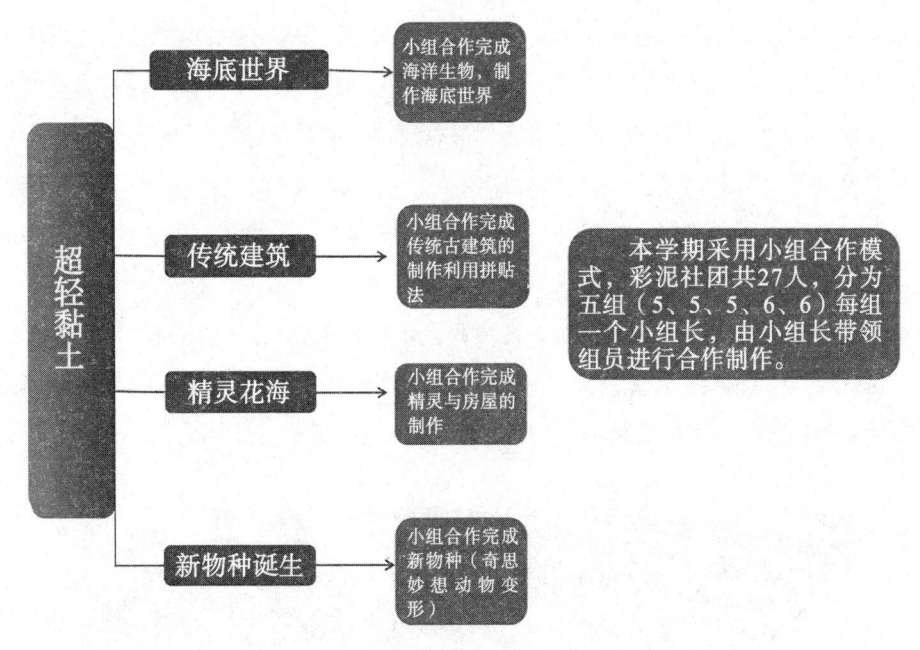

图 5-6 超轻黏土课程板块设计图 2(低年级)

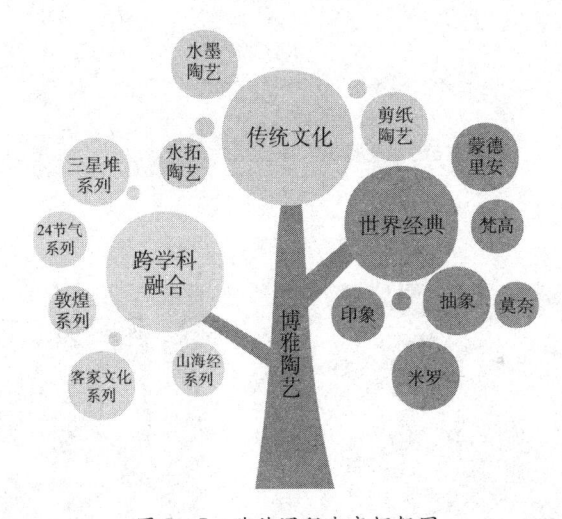

图 5-7 陶艺课程内容框架图

(一) 超轻黏土工作坊

超轻黏土工作坊以"创意无限,发射想象"为宗旨,是一个以自己制作的泥塑手工

171

艺品为特色的社团，课程丰富多彩，前期不仅仅局限于传统黏土的制作方法，更融入中国国粹、传统文化、立体相框制作、纸上绘画拼贴等元素。黏土的制作过程，是释放想象的过程，孩子们的所见所闻、所思所感都可以通过手工和色彩释放出来，让每个学生都绽放出自己的精彩；后期引入小组合作探究学习完成一组组名画主题作品，运用美术鉴赏四步法，对中外名画进行赏析，采用欣赏——临摹——再创作的方式，以泥塑的形式进行创作。

超轻黏土工作坊的活动内容与教育性和艺术性相结合，在培养兴趣、巧手妙思的同时，制作出各类精美的泥塑手工艺术品，有利于锻炼孩子的动手能力，提升学生的意志力，起到启迪智慧、陶冶情操的作用，提高学生的核心素养(见图5-8、5-9、5-10)。

图5-8 "记忆的永恒"主题黏土制作

图5-9 《百花图卷》　　　　　图5-10 《泥艺敦煌　重塑经典》

(二) 博雅陶艺工作坊

为了弘扬传统文化,陶艺社团的活动让学生了解陶艺的艺术形式和陶艺的制作流程,认识制作陶艺的各种工具,尝试简单的制作方法,捏制简单的造型,从而提高学生的动手能力、想象能力和创造能力,提高鉴赏能力,体验成功的感受,使学生的手工特长得到更好的发展。学习陶艺的制作工艺,掌握拉坯成型、泥板成型、泥塑成型、泥条盘筑、捏塑、素坯彩绘等,以陶艺教学为载体,将中国的传统文化、世界名画主题融入作品中,结合水墨、水拓、剪纸、油画等艺术形式融入陶艺作品的制作工艺,增强学生的创作力,在制作各种主题和形式的美术作品中,充分展现陶艺工艺的材质所带来的独特视觉美感,提高学生表现美和鉴赏美的能力。以下为敦煌系列课程计划表(见表5-9)。

表5-9 "泥艺敦煌,重塑经典"课程设计

单元	内容	周次/课时	学习内容	实施要求
第一单元:欣赏与评述	追溯敦煌历史脉络——丝路故事画、佛教故事画、历史故事画	2/13	以《张骞出使西域图》为例,了解当时的商业景象,形象生动的画面为后续敦煌文化的学习埋下伏笔。根据陆上丝绸之路和海上丝绸之路的联系,引入当代"一带一路"新国策、新理念,触发学习古今商业景象的双重效果。 以《鹿王本生图》为例,本生故事画是敦煌石窟早期壁画中绘制最多的佛教故事画之一,其神话色彩通俗易懂,激发学生的学习兴趣。 历史故事画中除了许多歌颂高尚品德的故事外,也有批判黑暗、揭露丑恶的故事,生动曲折的情节激发学生的学习兴趣。	定位好组内成员角色以及职责、评价方式。 设计以绘制思维导图形式进行展示的任务。充分利用多元素材为学生提供基础信息和方向,调动学生参与项目的热情。 鼓励学生自己上网查阅有关资料,培养学生学习的主动性,锻炼其资源检索的能力。
	追溯敦煌历史脉络——梳理与展示	3/13	各组学生进行展示,可从丝路故事画、佛教故事画中任选一种进行深度学习。 用思维导图进行展示和讲解。	引导学生进行探究实验,在发现问题、解决问题的过程中体会敦煌历史的魅力。

(续表)

单元	内容	周次/课时	学习内容	实施要求
第二单元：造型与表现	泥塑敦煌壁画——植物篇	4/13	以敦煌藻井纹样为例，临摹或设计荷、菱、莲等水生植物的藻井纹样。	以临摹经典与创意泥塑相结合为主。
	泥塑敦煌壁画——动物篇	5/13	以敦煌动物图案为例，临摹或设计九色神鹿、翼马、山中野猪、林中小鹿、野牛、虎等动物形象。	以临摹经典与创意泥塑相结合为主。
	泥塑敦煌壁画——人物篇	6/13	以敦煌线描人物为例，临摹或设计菩萨佛陀、飞天神女等人物形象。	以临摹经典与创意泥塑相结合为主。
	泥塑敦煌壁画——建筑篇	7/13	以敦煌线描建筑为例，临摹或设计宫殿、园林、塔庙等中国敦煌古典建筑形象。	以临摹经典与创意泥塑相结合为主。
第三单元：设计与应用	泥艺敦煌——纹样设计	8/13	比较敦煌壁画中人物、动物、植物、建筑的表现形式，结合各作品设计纹样。	注意可在色彩、造型上创新。
	泥艺敦煌——文创设计	9/13 10/13 11/13	结合设计方案进行作品的制作，结合评价标准，不断调整和完善小组作品。文创设计成品参考：泥花瓶、泥镜子、泥版画、泥盘等。	制作并不断完善修改，直至达到最终成品。以创新设计图与文创成品进行工作坊成果展示。
第四单元：综合与探究	重塑经典——畅想交通工具	12/13	结合《张骞出使西域》，探究当时的交通工具，打破时空限制，对敦煌交通工具进行创新想象，结合敦煌交通与现代科技畅想交通工具，进行泥塑设计。	历史学科与美术学科综合探究展示，分组进行现场展览，邀请教师评委。
	活动总结与评价	13/13	活动总结、师生评价、成果展示。	提前准备调查问卷，做好活动反馈表解读，师生现场总结评价。

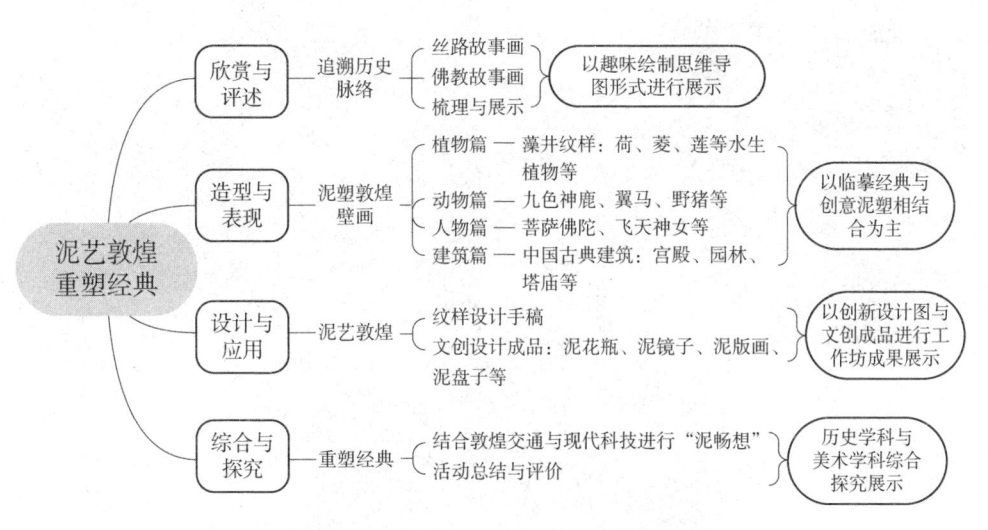

第五章 大规模因材施教的课程评价

```
                    ┌─ 欣赏与评述 ─ 追溯历史脉络 ─┬─ 丝路故事画      ─ 以趣味绘制思维导
                    │                          ├─ 佛教故事画        图形式进行展示
                    │                          └─ 梳理与展示
                    │
                    │                          ┌─ 植物篇 — 藻井纹样：荷、菱、莲等水生
                    │                          │          植物等
                    │              泥塑敦煌    ├─ 动物篇 — 九色神鹿、翼马、野猪等      以临摹经典与
          泥艺敦煌 ─┼─ 造型与表现 ─  壁画    ─┤                                      创意泥塑相结
          重塑经典   │                          ├─ 人物篇 — 菩萨佛陀、飞天神女等        合为主
                    │                          └─ 建筑篇 — 中国古典建筑：宫殿、园林、
                    │                                      塔庙等
                    │
                    │                          ┌─ 纹样设计手稿                        以创新设计图与
                    ├─ 设计与应用 ─ 泥艺敦煌 ─┤ 文创设计成品：泥花瓶、泥镜子、泥版画、 文创成品进行工
                    │                          └─ 泥盘子等                            作坊成果展示
                    │
                    └─ 综合与探究 ─ 重塑经典 ─┬─ 结合敦煌交通与现代科技进行"泥畅想"   历史学科与
                                              └─ 活动总结与评价                       美术学科综合
                                                                                      探究展示
```

图 5-11 "泥艺敦煌,重塑经典"课程脉络

图 5-12 "敦煌——动植物篇"主题陶艺制作

175

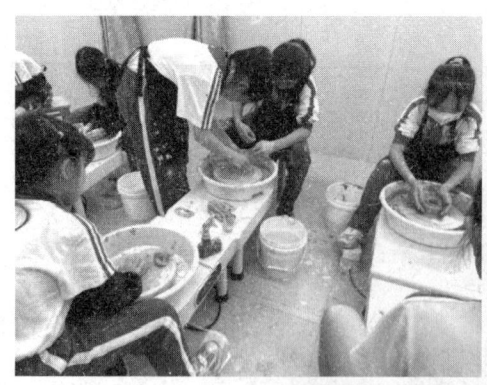

图 5-13 博雅陶艺学生上课情况教室布局

四 路径和方法

泥塑艺术课程是以学生现实的环境和条件为背景，以学生的现实需要为出发点，以学生和教师为主体构建的课程。泥塑艺术课程追求的是适宜性，适宜性是泥塑艺术课程的最根本的特性。为了使学生的泥塑学习具有更加广阔的视野，泥塑教育不能局限于教材，必须利用与开发多种多样的课程资源（见图 5-14）。

1. 教学模式的转变与优化

首先，课程要求教师根据学生的进度和接受情况，转变传统的教学思想，加强教学创新，制定相应的教学计划。选择合适的课程实施取向可以有效发掘学生的潜能，激发求知欲。其次，引入微课资源的教学方式，录制教学示范过程，针对相关知识与问题

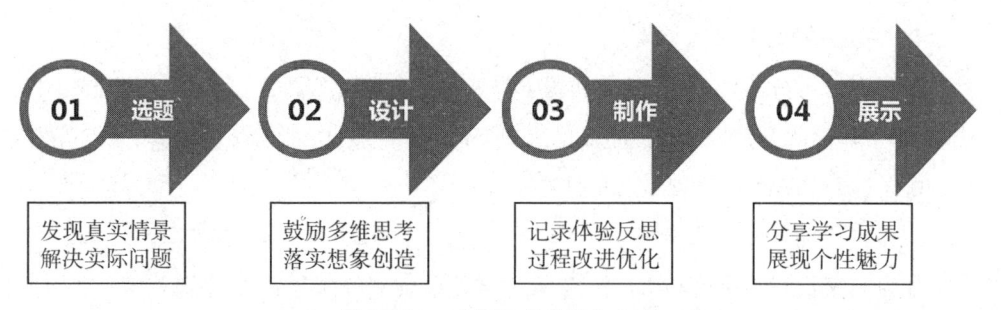

01 选题	02 设计	03 制作	04 展示
发现真实情景 解决实际问题	鼓励多维思考 落实想象创造	记录体验反思 过程改进优化	分享学习成果 展现个性魅力

图 5-14　泥塑课程路径与方法

进行拓展延伸,满足学生自主学习需求。再次,在课程教学前,运用信息技术引导学生对泥塑产生思考。基于教育信息化,结合图片、视频等方式进行融合教学,为学生创设相应情境,推送相关网络资料,让学生提前预习消化,使学生在良好的情境中掌握知识,助力健康成长。最后,将泥塑艺术的课题以小组合作的方式介绍,让学生们一起来讨论。比如,多收集一些泥塑艺术信息,从中选取话题点,让学生进行合作交流,同时根据相关话题提出问题,邀请学生解答,提升学生对泥塑艺术的认识。

2. 传统文化的融入与传承

首先,随着我国素质教育的不断推进,泥塑课程的开发与实施应重视素质教育,以此作为终极教育目的。适当引入传统文化,这不仅能弘扬我国传统经典,还能实现"教书育人"的目的,提升学生的文化素养与历史素养。其次,在泥塑教学中融入传统文化,由于中国传统文化内容比较丰富,涉及面比较广,包括历史、民俗等,有助于为教学提供丰富的素材,增强教学效果,帮助学生健康发展。最后,引入传统文化既能增强课程的趣味性,又能帮助学生更好地了解少数民族文化、风俗习惯和地域文化,如常见的古建筑、民族服饰和传统节日等。同时,可以将不同地域的风土人情衔接,融入传统文化元素,帮助学生更好地掌握历史文化与风俗习惯。

3. 课程目标的明确与细化

在泥塑艺术课程开发之前,需要做好目标定位,要求相关目标必须符合实际,切勿制定过高目标导致后期无法实现。在目标确定的过程中结合地区历史背景,确保泥塑艺术课程满足学生的要求。课程开发也要符合核心素养的教育理念,符合立德树人的教育主旨,引导学生树立正确的思想和观念,成为国家需要的优质人才。

4. 环境设施的建设与开发

课程资源可分为两类:课堂内和课堂外。主要包括超轻黏土工作坊、陶艺制作工作坊、学生作品陈列室以及校园走廊的资料、环境布置、花盆、学习生活用具、景点等方面的配备、资料的配备、学习生活用具的配备等。

5. 家庭资源的利用与开发

加强与家长间的家校密切合作,如家庭环境装饰用的陶艺品、家庭陶艺藏书等,都可作为家庭陶艺教育资源。

6. 社区课程资源的利用与介入

社区课程资源主要包括陶艺制作者、陶瓷商城、陶艺名人馆、博物馆、美术馆等。教师在进行美术课程教学的过程中,将博物馆、美术馆等社会资源与泥塑课程相融合,以培养学生的人文精神、动手能力、创造能力、审美能力为根本,为学生提供更多的教学内容,丰富教学课程,活跃课堂气氛,调整教学模式,为学生提供"复刻文物"和"学习历史"等方面的内容,旨在培养学生的人文艺术素养。

综上所述,泥塑教育的课程资源无处不在,无时不有。总之,泥塑艺术课程开发需要学校与教师的共同努力,为学生提供符合需求的教学资源。因此,本文主要总结以下措施:引入微课资源的教学方式;在实际教学过程中将相关内容融入其中;树立清晰的课程目标;重视泥塑艺术课程实施过程中的评价;制定培训体系。这些措施有助于提升开发效果,实现培养学生核心素养的目的。

五 评价和成效

(一) 评价

1. 学生评价的目的与原则

泥塑课程的教学评价,主要目的是了解学生实际的学习和发展状况,以利于改进教学,促进学习,提高学生的泥塑素养。首先,评价的主体应该是多元的,特别要重视学生的自我评价,以帮助学生从根本上增强自信心,在学习过程中找到自我,发现问题,学会反思,并及时改正自身问题。其次,评价的内容应该是全面的。要涵盖泥塑素养的方方面面,特别是学生在身心陶冶、审美能力、创造意识以及情感态度和价值观等方面的变化与进步。评价方法应该是多样的。尤其需要强调的是泥塑课程评价应是"自我参照",而并非与其他同学相比,要以学生已有的发展基础为评价标准,杜绝用"像"与"不像""好"与"不好"这些单一的、标准的答案,评价应贯穿课堂的全程,从根本上促进学生的学习和发展。教师要随时关注学生在课堂上或活动中的表现与反应,及时给予必要的、适当的鼓励性、指导性的评价。[①]

2. 评价体系的完善与应用

泥塑艺术课程需要重视评价体系的开发与建设过程。首先,对学生的实际情况及社会发展现状进行分析,将泥塑素材融入开发,满足核心素养培养需求,保证课程效果。其次,重视课程评价,针对不足进行优化改善,并为教师提供可以参考的改善方法。最后,根据成果制定相应的评价措施,及时收集学生的反馈意见,逐层汇报。

(二) 成效

1. 落实核心素养,符合艺术新课程标准的要求

最新颁布的《义务教育艺术课程标准(2022年版)》中指出"学做传统工艺品""传承传统工艺""继承与发展文化遗产"等具体的学习内容;岭南版美教材中有大量泥塑课程,如"我的动物朋友"一课要求徒手塑造简单的动物泥塑立体造型,"我们的音乐会"要求运用泥塑做音乐活动中的各种人物造型等。从中都可以看出国家对传统文化的重视,陶艺作为中国传统古老文化与现代艺术结合的艺术形式,具有极高的艺术研究价值,且非常契合义务教育阶段艺术新课程标准的需求。我校开设的陶艺课程,充分落实美术核心素养,落实艺术新课标的要求。

2. 课程体系化,扎根陶艺特色课程的研究

我校的陶艺课程内容的设置是依据《义务教育艺术新课程标准(2022年版)》中的美术学科课程内容"欣赏·评述""造型·表现""设计·应用"和"综合·探索"的四类艺术实践,以陶艺的艺术手法"复刻文物""学习历史",以学生的发展为本,培养学生的人文精神、实践能力、创造能力和审美能力,构建系统化的陶艺课程。"陶艺欣赏专题课"这一模块主要包括陶艺的历史渊源、陶艺造型艺术欣赏、陶艺的釉色搭配欣赏等知识的学习,将历史与语文融入美术课,让学生了解陶艺历史艺术的内涵,做好基础理论

---

① 李慧.浅谈初中美术教学中的陶艺课程[J].科学大众(科学教育),2015(10):21.

的铺垫;"陶艺动手实践课"这一单元主要是教学生如何动手实践制作陶艺;"陶艺设计应用课"这一单元让学生在了解陶艺制作的基本技法之后,设计主题任务要求所对应的陶艺作品,培养动脑动手能力;最后在"合作探索"中,学生表达自己的感受,展示自己的创作,关注生活,热爱生活,激发对传统工艺美术的兴趣。

综上所述,从泥塑课程开发、活动组织形式、有效教学指导策略以及环境创设等方面进行探究、完善,初步形成一套从初级到高级、从低年段到高年段的泥塑课程,在接下去的泥塑活动课程和教学的实践探究工作中,将继续挖掘学生感兴趣、贴近生活经验的活动课程,丰富泥塑课程的内容,让泥塑活动课程和教学逐渐完整化、系统化,并尝试将泥塑课程与美术、音乐、语言、历史等多领域相互渗透,提高学生综合素质,促进幼儿全面协调发展。

(课程设计者/撰稿者:深圳市坪山区新合实验学校　高紫譞)

第六章
大规模因材施教的课程治理

课程治理是大规模因材施教的重要实践,是多主体参与课程优化发展,提高教育公平和质量的关键举措。换言之,课程治理是在课程设计上建立多元化的课程结构,整合资源利用,实施协同性管理,培养学生综合素养和创新能力的教育策略。课程治理需要学校内外协同合作,打造和谐文化环境,共同营造个性化教育支持体系。

学校课程治理即"在治理理念的基本遵循下,由学校、社会、学生、家长等课程利益相关主体共同参与的课程治理过程,在多主体协商中实现学校课程的优化发展"①。通过课程治理,可以更好地整合课程资源,提高课程质量,实现教育公平。《义务教育课程方案(2022年版)》指出:"把握学生身心发展的阶段特征,关注各学段之间的衔接,体现不同学段目标的层次性。"②因此,打破传统课程中单一的教学模式,实施大规模因材施教的课程治理,提高教育质量,具有非常重要的理论和实践意义。

大规模因材施教的课程治理是实现教育公平和提高教育质量的重要途径。通过加强学校课程治理的领导力、研发力和协商沟通力的培训,建立与健全学校课程发展的内外部机制,确立优质、尊重、包容和差异的课程发展理念,学校可以更好地实现因材施教的目标,为每一个学生提供最适合他们的教育,做到"让每一颗星星都绽放光彩"。这种治理方式以学生为主体,充分考虑学生的个体差异和需求,旨在通过提供个性化的教育支持和资源,从而提升学生的学习效果,促进学生的全面发展。

大规模因材施教的课程治理,是一种多元化且协同性的课程管理方式,将学生置于课程的中心,充分关注每个学生的个体差异和独特性。这种治理方式旨在提供个性化的教育支持和资源,让学生不再仅仅是知识的接受者,而成为主动参与学习和发展的主体。为了实现这一目标课程治理,需要构建多元化的课程体系和协同性的管理机制。多元化的课程体系提供多样化的学习内容和学习方式,以满足不同学生的兴趣和需求;而协同性的管理机制则强调教师、家长、社区等各方力量的协同合作,共同参与课程的设计、实施和管理。这种协同性不仅提高了课程的适应性和有效性,还促进了各方的沟通与合作,实现了共同的教育目标。通过因材施教课程治理,学生可以获得更加个性化的教育支持,充分挖掘自身的潜力;教师、家长、社区等各方也可以更好地了解学生的需求和问题,共同为其提供帮助和支持。这种治理方式不仅有利于学生的个人发展,也有利于家校社会的教育进步和发展。

大规模因材施教的课程治理是教育领域的一项重要课题,旨在满足学生成长的个性化需求,丰富教育的内涵。为了实现这一目标,需要从课程结构、资源整合与协同管

---

① 杜文彬.学校课程治理现代化:内涵、逻辑与实现路径[J].江苏教育,2023(19):25—28.
② 中华人民共和国教育部.义务教育课程方案(2022年版)[M].北京:北京师范大学出版社,2022:3.

理三个方面进行深入的探讨和实践。建立多元化的课程结构是基础,能够满足不同学生的需求和特点;加强课程资源的整合与利用是关键,可以提高课程的质量和效果;实施协同性的课程管理是保障,可以体现课程管理的系统性和灵活性。这三个方面的实施要点相互联系、相互促进,共同构成了大规模因材施教课程治理的核心内容。其具体实施内容如下:

第一,建立多元化的课程结构。为了满足不同学生的需求,课程结构应多元化,包括基础课程、拓展课程、研究课程等不同层次和类型的课程。这些课程不仅关注知识的传授,还关注技能的培养和素质的提升。同时,每类课程都应根据学生的兴趣、能力和学习风格进行设计,以提供个性化的学习体验。多元化的课程结构除了传统的基础课程外,还设置可以拓展课程(例如,金剪刀剪纸社、曲艺社、乒乓小将等艺术和体育类)和研究课程(例如,科创社、创意智造等科学实验和编程类),以满足不同学生的兴趣和发展需求,培养学生的探究精神和创新能力。

第二,加强课程资源的整合与利用。为了满足学生的个性化需求,需要充分整合和利用各种课程资源,包括校内资源、校外资源、网络资源等,还需要加强不同学科之间的交叉融合,以培养学生的综合素质和创新能力。学校不仅要充分利用校内的教育资源,还应积极与校外机构合作,引入丰富的校外资源。例如,与当地博物馆、科技馆等建立合作关系,为学生提供实地参观和学习机会。此外,学校还可以利用网络资源开设一些在线课程和学习平台,以满足学生的不同学习需求。

第三,实施协同性的课程管理。为了推动学校课程发展和提升教育质量,学校可以从内外两个层面采取措施。

一是学校内部协同。首先,建立跨部门合作机制。成立课程发展领导小组和课程研发指导小组,由校长、副校长、教学部门负责人和德育部门负责人等组成,统筹学校课程体系建设和国家课程校本实施。同时,成立课程发展专家顾问小组,提供技术支持和解决课程发展中的问题。其次,制定明确的课程管理制度。学校需要规范和完善课程制度,确保课程管理的合理性和可行性。课程立项、开发、实施和考核等环节应有明确的流程和规范,确保每个环节的协同配合和有序运行。此外,加强教师培训和团队建设。学校可以支持建设名师工作室,提供培训机会,促进教师的专业发展和能力提升,加强学科组队伍建设,推动教师之间的交流与合作,形成协同育人的氛围。最后,营造和谐文化环境。学校应倡导以人为本的原则,让教师成为课程管理的主体,激发他们的积极性和创造力,培养学生的自主选择能力,让他们参与到课程实施中,形成良好的教育氛围。

二是学校与外部协同。学校还应与兄弟学校、科研机构、综合实践基地等建立联系,以灵活根据需求获取优质的学术资源和教育支持。学校需与社区和企业建立合作关系,为学生提供实践机会和生涯导向的课程。协同性的课程管理不仅有助于提高课程的适应性和有效性,更能促进各方沟通与合作,共同实现教育目标。通过教师间以及与家长、社区的合作,共同实施个性化的教育支持,从而更好地促进学生独特性的发展。

总之,大规模因材施教的课程治理是一种以学生为中心的教育理念和策略。它通过多元化的课程结构、集成性的资源整合与协同性的管理机制来提供个性化的教育支持,从而提升学生的学习效果。这种教育方式有助于培养学生的综合素质和全面发展,为他们的未来奠定坚实的基础。

(撰稿者:深圳市坪山区新合实验学校　彭建锋　张鸿斌)

> 课程智慧 Ⅰ 麒麟舞者
>
> 课程名称：麒麟舞者
>
> 适用年级：小学三至六年级

一 背景与理念

《义务教育艺术课程标准（2022年版）》（以下简称"新课标"）的出台，意味着我国学校美育教学步入了高质量发展的新阶段，新课标中提到了"充分发挥艺术课程培根铸魂、启智增慧的作用"。在新时代的学生美育教学中，需充分弘扬中华传统美育精神，结合多种传统艺术形式，拓展学校美育内容的多样性，传承中华优秀传统文化。

本课程以传授麒麟舞的专业知识与技术动作为形式，基于岭南文化中具有厚重历史沉淀的客家文化，融合中华传统武术，向学生传播优秀的中华传统民族文化。

二 价值和目标

本课程鼓励学生在实际的练习中体会麒麟舞动作的精髓，强调观察、操作麒麟舞的实体道具：麒麟头、相关乐器（锣、鼓、镲）等，结合专业教练的讲解与排练，帮助学生精进技艺以及了解背后深厚的文化，提高综合人文素养。课程关注于学生对麒麟舞所代表的文化的理解，加强学生对中华优秀传统文化的认可，提高艺术素养、文化素养与民族自信心。本课程在教学层次划分上分成核心素养目标、课程总目标两种，详细内容如下：

（一）核心素养目标

1. 审美感知

学会欣赏麒麟舞外表上的美观之处，结合麒麟舞的发展历史，感受舞麒麟在其外表外蕴含的传统文化与人文精神。

2. 艺术表现

学会麒麟舞的基本技术,掌握相关乐器的演奏方式,能够利用语言、文字等多种形式表达自己对于客家麒麟舞这一传统文化内容的理解。

3. 创意实践

学会利用不同学科的知识,结合多种技术与手段,深层理解麒麟舞的精神,培养创新编排表演的能力。通过多次表演实践,结合儿童心理特点,感受并发扬麒麟舞中蕴含的优秀传统文化。

4. 文化理解

通过学习麒麟舞的相关技术与知识,了解麒麟舞的历史与文化精神,体会麒麟舞对客家文化、岭南文化乃至中华文化的重要意义,形成正确的历史观、文化观,在麒麟舞所蕴含的优秀人文精神熏陶下增强文化自信。

(二) 课程总目标

1. 历史传承方面

了解麒麟舞的历史由来:它是客家人以抵御贼人侵犯、强身健体为目的,逐渐演变成传统习俗与文艺表演项目的一种艺术活动。理解客家人对麒麟舞倾注的美好愿望。

2. 专业技术方面

掌握麒麟舞所需要的基础动作以及麒麟舞过程中的配乐,了解麒麟舞动作编排与音乐之间的关系。在直观明显的示范中明白麒麟舞的动作精髓以及相关音乐的演奏方式。

3. 文化精神方面

加强对中华优秀传统文化的正确认知与认可,提高民族自信心,体验麒麟舞给人带来的仪式感,学会自己编排简单的麒麟舞节目。

三 框架和内容

在倡导全面素质教育的时代,学生学习不仅仅是学习需要掌握的知识与技能,更应该增强学生对于民族、对于传统的认可感与传承意识。"麒麟舞者"课程为了达成在专业技术知识与传统文化素养领域的双重教学目标,结合新课标中对于艺术拓展课程的实践要求,充分调动学生的多学科知识,为学生提供形式丰富的学习内容(见图 6-1)。

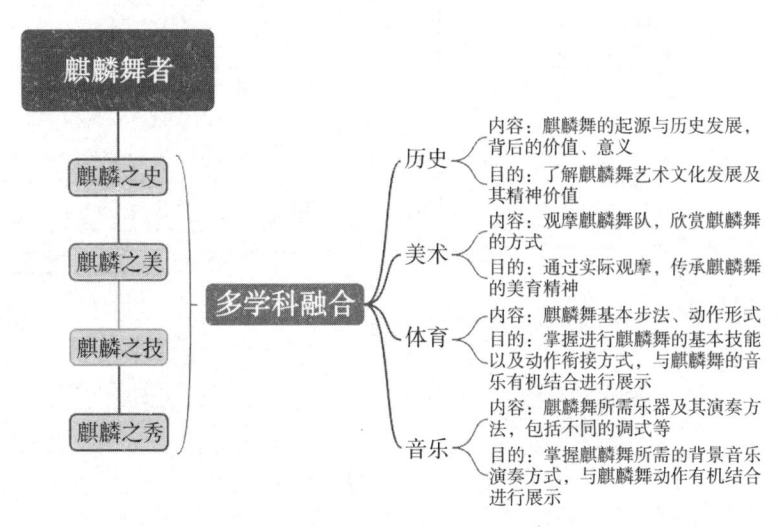

图 6-1 "麒麟舞者"课程内容框架图

"麒麟舞者"课程分为四个板块:"麒麟之史""麒麟之美""麒麟之技"以及"麒麟之秀",课程板块设计图如下(见图 6-2)。

根据皮影课程的实际情况,将课程进行系统的划分,明确课程安排、课程目标、课程内容,实施要求、时间安排、预期成果等,我校皮影课程各板块具体内容如下。

(一)"麒麟之史"板块

理论讲解麒麟舞起源、历史与发展。麒麟舞与客家文化的发展不可分割,本课程将在课程的全过程中渗透与麒麟舞有关的理论讲解,包括麒麟舞的文化内涵及其与客家文化的联系,梳理相关的历史发展脉络。力求让学生全方面了解麒麟舞所代表的意义,从而初步形成对优秀传统文化的认同感,同时初步激发学生对于学习麒麟舞的学习兴趣。

(二)"麒麟之美"板块

实地参观各大麒麟舞队,观摩专业舞者训练、表演场景。通过实地的观察,可以进一步激发学生学习麒麟舞的兴趣,掌握欣赏麒麟舞之美的方式,切实了解到麒麟舞在

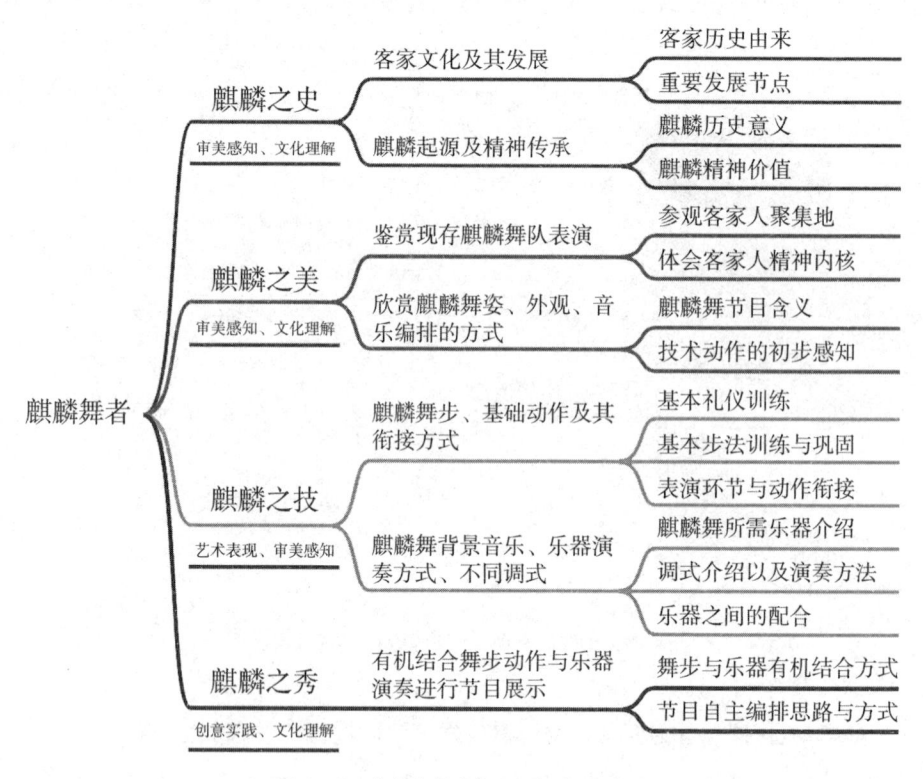

图 6-2 "麒麟舞者"课程板块设计图

客家传统习俗中的意义。同时在向专业舞者拜师学习的过程中耳濡目染,培养诸如尊师重道、尊敬祖辈、尊重自然规律等优秀品质。在此过程中,初步实现提高学生综合素质的目标。

(三)"麒麟之技"板块

练习麒麟舞单个动作。在初步的麒麟舞学习中,首先掌握有关礼仪等静态动作,帮助学生稳定心态,戒骄戒躁,培养、巩固学生的良好品质,进一步美化学生形象,利用扎实的基本功推动本课程的深入学习。同时,学生需结合对麒麟舞整体动作的理解,掌握乐器演奏的不同节奏形态,学会根据动作的变化从而让乐器演奏跟着变化。理解麒麟舞动作与音乐之间的关系,将音乐与动作有机结合,完善麒麟舞表演时的实际效果。

图 6-3　麒麟舞基本步伐与乐器演奏学习

图 6-4　结合道具的麒麟舞实践学习

(四)"麒麟之秀"板块

在完成舞麒麟初步学习后,结合已学的舞麒麟单个基本动作,在教练的演示与指导下不断深入了解成套动作的编排逻辑,在切身的练习中体会动作之间如何衔接,在

图 6-5　学生完成麒麟舞表演实践活动

反复练习中掌握编排方法,在独立的演出中做到现场呈现。

四 策略和方法

"麒麟舞者"课程基于新课标中艺术核心素养发展的需求,在素质教育的指引下,为学生提供丰富的学习内容。为了让本课程更好地发挥中华传统文化与美育精神的传承,进一步启发文化创新的运转,必须利用好学校、家长、社区三大美育角色,具体而言课程实施从以下三点出发:

(一)学校中的美育:以生为本,自主探究

"麒麟舞者"为学生提供历史、美术、音乐、体育多学科学习内容。在历史方面,利用讲授法、谈话法为学生提供有关麒麟舞发展的文本性信息。基于学生的已有经验,在课堂上设置特定的话题,通过小组合作的方式,引导学生不断对客家文化、麒麟历史进行更为深刻的探讨,在讨论中了解历史知识,深化麒麟舞内在价值。学校将通过提供表演、活动机会,让学生自主通过排练、展演,呈现出代表了客家文化的麒麟舞表演,激励学生勇于展示学习成果,为传承中华优秀传统文化而感到自豪。

(二)家庭中的美育:赋权家长,提高审美

课程将与家长一同对学生进行麒麟舞学习的引导,利用多媒体与信息技术手段,针对每位学生的学习表现进行观察与交流。持续为家长呈现学生在麒麟舞学习中的成长过程,让家长在学生美育过程中有参与感。结合家庭教育,进一步向学生传播麒麟舞所蕴含的优秀传统文化,提高审美感知,发展美育素养。

(三)社区中的美育:提供机会,呈现成果

课程的成果需要不同平台的外化,社区作为资源丰富、居民聚集的社会角色,为"麒麟舞者"课程提供了重要的成果外化机会。在社区中,课程中的学生可以进一步了解麒麟舞对于社区的历史影响以及实际意义,以"麒麟舞者"身份参加社区特色文化活动,进一步向更多的人传播优秀传统文化,发动群众的力量,让美育走上更为广阔的道路。

五 评价和成效

(一) 评价方式

1. 教师评价

教师对学生每节课的练习内容进行全方位指导以及监督,根据学生在文化内涵知识层面、麒麟舞具体动作技能层面、乐器演奏技能层面等方面的表现情况挑选出不同水平的学生。组建不同的麒麟舞分队,提高教学的针对性以及未来表演排练的便捷性。

2. 学生自评

学生之间在每次练习时进行集体互评,在展示完具体练习成果后,由教师引导完成对各个学生的动作、音乐演奏的评价。同时结合学生对于自身的评价,得出学生方面对于学习结果的意见。在不断的互评、自评中反思自身在练习、表演中存在的问题,借助教练的专业指导,进一步完善在技巧、技能或知识上的表现,提高团队意识,补足团队短板。

3. 家长评价

教师定期在家长群中展示学生独立练习麒麟舞动作的视频,家长进行针对性的点评,提供意见、建议;或是在家中监督学生独立完成练习,在了解课程的具体要求后,对于学生的各项能力或素养提出家长层面的要求。

(二) 成效

本课程以学习麒麟舞的文化内涵、动作、音乐为主线展开,源于中华民族传统文化,与学生的文化认同与文化自信紧密相连。学生在学习相关理论知识、练习具体麒麟舞动作和演奏乐器时流露出了极高的兴趣以及学习积极性。立足对客家文化的整体感知,学生通过谈话、体验、实际练习、创作等不同形式参与体育活动、文化活动,直观地感受客家文化的基础内涵。在增进对麒麟舞的认识之后,学生将所学所得内化为对中华优秀传统文化的深刻自豪感与认同感,能够将优秀文化、优秀传统的理念融入到家庭、学校等社会生活之中,坚持做一个有文化、有素养的小达人。

(课程设计者/撰稿者:深圳市坪山区新合实验学校　彭骏杰)

课程智慧 Ⅰ　说唱演英语绘本

课程名称：说唱演英语绘本

适用年段：小学四至六年级

一　背景与理念

《义务教育课程方案(2022年版)》明确指出加强课程内容与学生经验、社会生活的联系，强化学科内知识整合，统筹设计综合课程和跨学科主题学习。同时《义务教育英语课程标准(2022年版)》明确指出英语课程内容围绕主题、语篇、语言知识等要素，通过学习理解、应用实践、迁移创新等活动推动学生核心素养在义务教育全程中的持续发展。学科融合与综合实践是新课标中提出的重要方面，说唱演英语绘本课程以英语传统绘本课程为依托，融合了对绘本课程的说唱演。在传统的绘本阅读教学中，学生的学习体验活动以"听、说、演"为主，各项活动较为单一，通常的顺序是以"听"感知绘本，以"说"理解绘本，以"演"运用绘本。学生对绘本的理解因自身的能力水平深度而产生较大差异。且本课程对象为跨年段学生，这要求老师设计更多元、更多层次的活动，以满足不同学段的需求。

二　价值和目标

说唱演英语绘本课程在此基础上，最大的特点即将绘本文本用朗朗上口的歌曲或者chant形式说唱并表演出来，将单一的教学活动变成了一项学科融合的综合实践活动。

教师通过学生听唱歌曲活动帮助学生奠定语感基础，教师采取"听、说、唱、演"多种教学方式激发学生的学习兴趣，关注学生不同的学习需求，引导学生表达，体验英语学习的乐趣与意义。

本课程实施主要对象为四至六年级的学生，其英语水平存在较大差异，说唱演英语绘本通过朗朗上口的韵律满足本社团所有年段学生的认知层次与语言基础。课程价值意义具体有以下方面。

1. 通过说唱演英语绘本故事，活跃课堂气氛，营造积极的课堂生态。培养学生敢于开口、不怕出错、大胆表达自己观点，二次激发学生在低年段学习时对英语的积极性与自信心。

2. 通过说唱演英语绘本故事，充分调动学生多种感官。基于绘本学习素材，通多感知、体验、运用、实践等循序渐进的方式，引导学生感知、体会英语的重音、意群、语调与节奏等，为准确、得体地表达与交流奠定基础。

3. 通过说唱演英语绘本故事，开展英语综合实践活动，促进学生核心素养的全面发展。英语绘本故事的素材以学生学习、生活密切相关的各类现实性和实践性问题为内容，本着"学用结合、课内外结合、学科融合"的原则，开展英语绘本说唱演活动，拓展语言知识、提升语言能力、扩宽认知视野。

三 框架和内容

（一）设计思路

本课程的对象为四至六年级学生，英语能力水平差距较大。课程目标从理解故事情节到发表故事感想最后到唱演绘本，体现了层次的递进。需要老师遴选适合说唱且符合学生能力水平与年龄特点的绘本。以下是说唱演英语绘本课程设计思路导图（见图 6-6）。

（二）课程框架

本课程为说唱演英文绘本，由课程内容选择与课程主要组织两个方面构成。英语绘本有许多，但是怎样在海量的英语绘本中选取适合课程主题的绘本呢？基于学生的年龄特点与课程主题，主要有三个方面的考虑因素：一是在可以唱的绘本里选取旋律轻快且朗朗上口的绘本；二是选取适合肢体语言表演的绘本；三是选取有丰富细腻情感的绘本。在课堂组织方面，主要对绘本进行说唱教学，再到说唱表演绘本，最后进行创作绘本（见图 6-7）。

大规模因材施教的课程模式

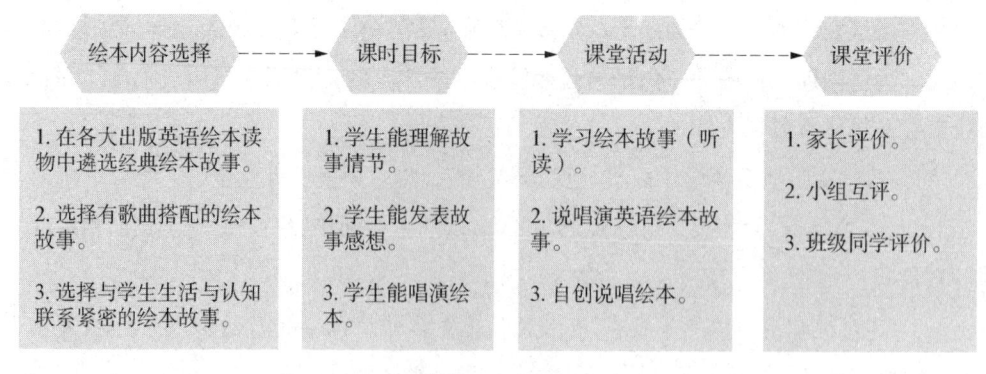

```
绘本内容选择 ----> 课时目标 ----> 课堂活动 ----> 课堂评价
```

绘本内容选择	课时目标	课堂活动	课堂评价
1. 在各大出版英语绘本读物中遴选经典绘本故事。 2. 选择有歌曲搭配的绘本故事。 3. 选择与学生生活与认知联系紧密的绘本故事。	1. 学生能理解故事情节。 2. 学生能发表故事感想。 3. 学生能唱演绘本。	1. 学习绘本故事（听读）。 2. 说唱演英语绘本故事。 3. 自创说唱绘本。	1. 家长评价。 2. 小组互评。 3. 班级同学评价。

图 6-6　说唱演英语绘本课程设计思路导图

说唱演英语绘本课程框架

- 绘本内容选择
  - 旋律轻快，朗朗上口
    - We are going on a bear hunt
    - Brown bear, brown bear, what do you see?
    - Silly Sally
    - Over in the meadow
  - 适合肢体语言表演
    - Dear zoo
    - What's the time, Mr. wolf?
    - Go away, big green monster
    - Five little man in a Flying Saucer
    - From head to toe
  - 丰富细腻的情感
    - My dad
    - My mum
    - I'm a bunny
- 课堂主要组织
  - 说唱绘本
  - 说唱表演绘本
  - 创作绘本

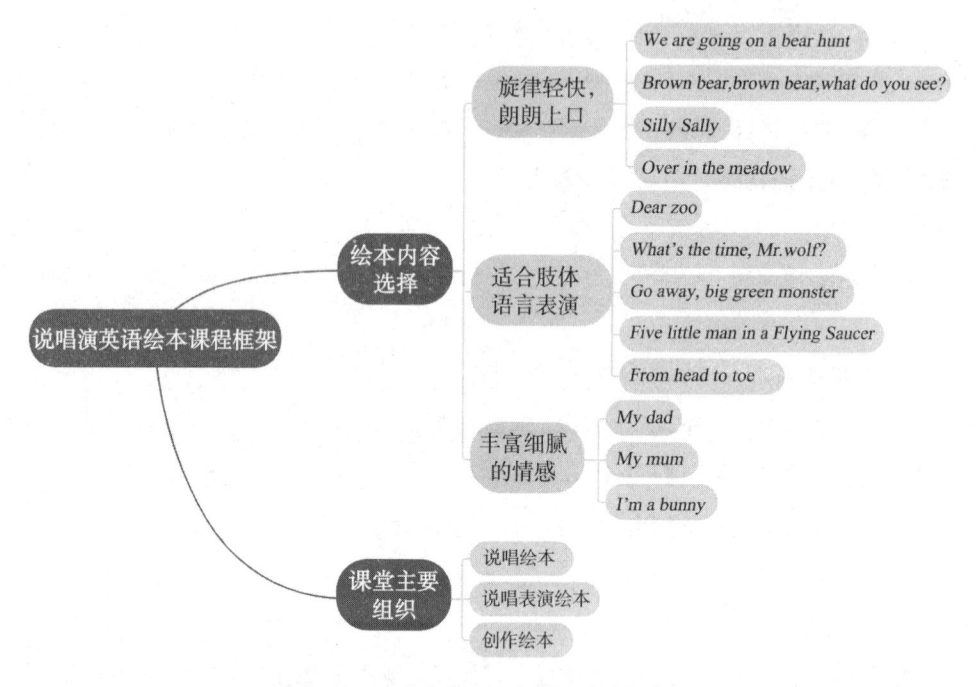

图 6-7　说唱演英语绘本课程设计框架图

（三）教学安排

课程有 30 个课时，每两课时学习一个说唱绘本。具体教学内容见说唱演英语绘本课程教学安排表（见表 6-1）。

表 6-1　说唱演英语绘本课程教学安排表

序号	故事名称	说唱活动内容	课时设置
1	Dear zoo	将学生分为三个部分：一部分同学表演故事情节，另外两部分说唱绘本。采用男女交替分角色演唱，一部分唱变化的部分，另一部分唱"I sent it back"。	2 课时
2	From head to toe	此篇绘本非常适合说唱运动操，在掌握了本篇运动以后，每节课中间请优秀的男女同学各一名，带领其余同学做身体各部位的运动操。	2 课时
3	We are going on a bear hunt	此篇绘本非常适合学生唱演结合。将教室桌椅相对摆放创设情景，学生在中间唱演绘本。	2 课时
4	Brown bear, brown bear, what do you see?	此篇绘本中，学生可以采用合唱分声部的形式，不同的动物分配不同的声部，合唱部分为绘本不变的台词部分。	2 课时
5	Silly Sally	将学生分为两部分：一部分同学表演故事情节，另外部分说唱绘本。	2 课时
6	Five little man in a Flying Saucer	将学生进行小组搭配，5 人一组，每个小组说唱一个故事情节。	2 课时
7	Over in the meadow	此篇绘本中，学生可以采用合唱分声部的形式，不同的动物分配不同的声部，合唱部分为绘本内容中不变的部分。	2 课时
8	What's the time, Mr. wolf?	此篇绘本中，适合男女同学轮流对唱。	2 课时
9	My dad	这两篇绘本适合欣赏，部分演唱。发挥学生的创造性，根据旋律自创歌曲。	2 课时
10	My mum		2 课时
11	I'm a bunny	旋律轻柔，情景优美，适合全班同学沉浸式合唱。	2 课时
12	Go away, big green monster	本节课适合学生手工做出 monster，将做好的面具作为道具，边唱边做。	2 课时
13	绘本封面创作	每名同学绘制 2 篇绘本封面。	2 课时
14	绘本故事创作	交流学生的绘本封面，讨论并创作绘本故事。	2 课时
15	绘本故事创作	交流学生的绘本封面，讨论并创作绘本故事。	2 课时

四 策略和方法

本课程在传统绘本教学上实现学科融合的创新实践,它的对象为跨年段的中高年段学生,学生的水平存在较大差异。基于此,本课程的策略与方法如下。

(一)激趣在前,学习在后

对于本社团的学生,学生的基础参差不齐,且他们处于小学中高年段。中高年段的英语对于他们来说正面临着一些变化:一是英语学习畏难情绪大。伴随着年段增长,教材难度增大许多,学生普遍出现英语学习畏难情绪与不适应中高年段学习强度的情况。二是难以开口大声说英语。伴随着学生年龄的增长,很大部分学生羞于开口,不敢表达。三是英语学习内容偏重于文段理解与语法知识。由于教材难度增加以及对中高年段同学的更高英语技能要求,学生的英语歌曲与英语绘本在中高年段阶段接触变少。取而代之的是较难理解的语法、作文等。基于以上的变化,本课程的实施首先是激趣,帮助学生找回学习英语的乐趣与自信心。

(二)说唱在前,认读在后

对比传统的绘本学习,本课程最大的亮点就是将绘本故事用歌曲的方式唱出来。在课程实施过程中,不拘泥于传统绘本阅读教学,而是用说唱的方式、轻快的旋律让学生先把故事唱出来,用学生更易接受的方式唱出歌词。在此过程中,一方面,学生读出了绘本内容,学生在遇到生词的时候,他们也更愿意去了解生词的读法与词义;另一方面,学生能在歌曲旋律中体味绘本的情感。以上两个方面都为绘本的认读打下基础。

(三)表演在前,表达在后

本课程旨在采取"听、说、唱、演"多种教学方式激发学生的学习兴趣,引导学生表达,体验学习英语的乐趣与意义。本课程对象为中高年段学生,在学习说唱绘本后,更多的是鼓励学生大胆上台表演,在表演中促进表达,而不是专注于表达的对错,等学生表达好了再表演。

以上策略与方法将为学生的课程学习树立好正确的方向,学生只有对绘本内容感兴趣并且用其容易接受的方式学习,才能最大限度发挥本课程的价值意义。

五 评价和成效

(一) 评价方式

学生的学习过程离不开学校与家庭,学习结果也从以上两个方面呈现。课程的评价离不开学校与家庭教育双方。本课程有教师评价、学生自评与家长评价,具体有以下几方面。

1. 教师评价

过程性评价与结果性评价相结合:教师对学生的课堂表现进行随堂测评并进行奖励记录,同时对于期末学生作品进行评价。

2. 学生自评

一是学生在期末进行自评与互评打分,二是在期末时对彼此的作品进行打分。

3. 家长评价

教师定期在家长群进行线上优秀作品展示,学生对自己的作品进行视频解说,家长对活动自由发言或单独作品进行评价与反馈。

(二) 课程成效

通过学习本课程,我们达到以下成效。

1. 提高学生学习英语的兴趣,减轻他们中高年段英语学习的学业压力。

2. 学生对英语绘本学习的兴趣增强,尤其是口语说唱能力增强。同时通过阅读扩宽学生的学习视野。

3. 将优秀学生作品集收集汇编成册,并对优秀学生作品再打造进行宣传推广,可以在其班级、年级内形成一定的绘本自主创作热情与优秀示范。

(课程设计者/撰稿者:深圳市坪山区新合实验学校 张楚)

> **课程智慧 ┃ 超羽联盟**
>
> 课程名称：超羽联盟
>
> 适用年级：小学三至六年级、中学七至八年级

一 背景与理念

体育课程考核要突出过程管理，从学生出勤、课堂表现、健康知识、运动技能、体质健康、课外锻炼、参与活动情况等方面进行全面评价。中小学要把学生参加体育活动情况、学生体质健康状况和运动技能等级纳入初高中学业水平考试，纳入学生综合素质评价体系。羽毛球运动普及性广，集趣味性、健身性、对抗性于一身。同时也是培养学生德、智、体、美、劳全面发展的运动项目之一，是培养学生终身运动习惯的桥梁，是培养学生运动特长的较好选择。在此背景下，我校结合实际情况，开设超羽联盟星彩品质课程，满足学生在校期间所需要的身体活动负荷，让学生重视体育锻炼，养成终身体育的习惯。

二 价值和目标

羽毛球社团课程的价值和目标在于培养学生的体育技能、体育精神、团队合作、身体健康、社交互动和自信心。通过这一课程，学生能够提高自己的体育水平，同时培养多方面的能力，提高自己的体育水平，对学习和生活产生积极影响。

运动能力：羽毛球社团课程帮助学生提高羽毛球运动技能，提高了自己的体育水平，还维护了健康的体重，增强了心肺功能和肌肉力量，有助于降低患肥胖、糖尿病和其他健康问题的风险，提高了生活质量。

健康行为：不仅培养了学生的身体协调性和反应速度，而且培养了健康的生活方式和体育兴趣，同伴之间学会了团队合作、协调动作、互相信任。体育锻炼能使学生更加

灵活、稳定,更容易适应不同的环境和挑战,降低了患慢性疾病的风险,提高了生活质量。

体育品德:在羽毛球社团中,学生培养了体育精神,如坚韧、毅力和竞争意识;培养了自信心和抗压能力,能够在面对挑战和竞争时表现出色,了解尊重对手和遵守规则的重要性,培养了良好的体育道德。

三 框架和内容

课程将结合理论和实际操作,通过教师的示范和指导,学生将有机会在比赛和实际练习中应用所学的技术,具体学习内容见表6-2。

表6-2 羽毛球基本技术名称表

技术类别	羽毛球基本技术名称			
握拍法	正手握拍		反手握拍	
发球	正手后场球	正手网前小球	反手后场球	反手网前小球
接发球				
后场高球击球技术	高远球	吊球	杀球	
前场击球技术	搓球	放网	勾对角	推球 扑球
中场平击球技术	正反手中场平抽球			
羽毛球步伐	上网步伐	后退步伐	两侧移动步伐	

除此之外,课程还将强调战术运用,让学生了解在比赛中如何选择正确的技术和战术策略,以赢得比赛,课程详细课时安排见表6-3。

表6-3 超羽联盟课程内容安排表

课程名称	动作要领	时间安排	实施要求
架拍、握拍	指根轻贴拍柄,拇指位于拍柄。	1	1. 羽毛球运动需要一定的设备设施支
原地高远球	身体放松,握拍放松,手臂和手腕同时发力,将球打出。	4	

199

(续表)

课程名称	动作要领	时间安排	实施要求
正手发高远球	右手正手握拍,自然屈肘举于身体右侧,左手持球于胸前,放球转体击球。	4	持,如羽毛球拍、羽毛球、球网、场地等。教师应合理配置这些设备设施,确保学生有足够的练习和实践机会。合理配置设备设施可以提供良好的学习条件,保障羽毛球运动得以展开。 2. 教师提前将学生按水平进行分组,小组进行多球练习,反复巩固技术动作。 3. 学生掌握各项技术基本练习方法,两人相互配合练习。
移动高远球	在球到达身体侧前方时,肘部基本伸直,手臂、手腕和手指协调发力,将球向后方击出。	4	
反手发小球	反手握拍,使用手指和手腕的力量,轻轻向前推送球拍,击球时,手腕的动作类似于钟摆,从侧棱转动到拍面朝前。发力时,大臂控制稳定,小臂微前推送,手腕翻转和手指发力切击球头。	4	
正手放网	正手握拍,用球拍轻轻碰击球头,使球向上弹起恰好一过网就朝下坠落。	2	
反手放网	反手握拍,用球拍轻轻碰击球头,使球向上弹起恰好一过网就朝下坠落。	2	
正手搓球	正手握拍,用球拍切削球头,使球翻滚过网。	2	
反手搓球	反手握拍,用球拍切削球头,使球翻滚过网。	2	
正手勾对角	正手握拍,小臂内旋带动屈腕,拍面斜向击球将球击向对方斜对角网前区域内。	2	
反手勾对角	反手握拍,小臂外旋带动屈腕,拍面斜向击球将球击向对方斜对角网前区域内。	2	
正手区吊球	击球的瞬间,手腕做快速切削或旋转动作,以改变球的轨迹,使球向对角网前飞行。	2	
头顶区吊球	击球的瞬间,手腕做快速切削或旋转动作,以改变球的轨迹,使球向对角网前飞行。	2	
正手区杀球	在击球瞬间,右臂和右肩向前,按照预想的方向和角度将球击出,同时收腹、前臂内旋,腕前屈微收,闪腕发力杀球,手指突然抓紧拍柄,集中手腕的爆发力到击球点。	2	
头顶区杀球	在击球瞬间,右臂和右肩向前,按照预想的方向和角度将球击出,同时收腹、前臂内旋,腕前屈微收,闪腕发力杀球,手指突然抓紧拍柄,集中手腕的爆发力到击球点。	2	
考核比赛	组织队内进行小组巡回比赛。	2	

四 策略和方法

（一）分层教学策略

羽毛球运动教学应根据学生的不同年龄、技术水平和兴趣爱好，采取分层教学策略。对于初学者，教师可以从基本的技术动作和规则讲解入手，通过示范演示和练习指导，帮助他们掌握正确的握拍姿势、击球技术和基本战术。对于进阶学生，可以注重技术细节的训练和战术策略的指导，通过对抗性训练和模拟比赛，提高他们的竞技能力和比赛经验。

（二）个性化辅导策略

在羽毛球运动教学中，教师应采取个性化辅导策略，根据学生的个体差异和学习需求，提供个别辅导和指导。教师可以通过观察和分析学生的技术表现与学习进展，有针对性地进行个别指导，帮助他们解决问题和提高技术水平。教师还可以与学生进行反馈交流，了解他们的学习感受和困惑，及时调整教学方法和内容，以更好地满足学生的学习需求。

（三）方法

采用多样化的教学方法可以满足学生不同的学习需求和学习风格，增加他们的参与度和学习动力。教学结合示范演示、小组合作、模仿练习、多球练习、单一技术定点对练习、组合技术练习、对抗性训练等教学方法，使学生在多种形式的活动中学习羽毛球运动。

五 评价和成效

（一）评价

为羽毛球课程建立一个有效的评价标准和评价体系是确保学生课程学习效果的重要步骤，其中包括技术掌握程度、战术素养能力、比赛能力测试三个方面。

首先是技术掌握程度，包括高远球、吊球、杀球、放网、搓球、勾球，通过观察规定动作完成情况进行评价，评价时要求学生位于羽毛球后场指定区域，授课教师位于测试者对面场地向测试者发高远球,要求学生以指定动作的形式将球回击。在发球方场地设定为 0—5 分的五个区域,学生需要连续完成 10 次指定动作,完成后记录总的得分成绩。

其次是战术素养能力,该项评价要求学生观看特定比赛的录像情形,在每种情形后作出决策,并说明选择该种决策的理由。每一种情形均包括动态画面、静止画面和图表三个阶段。动态视频以发球开始,比赛过程持续 4—7 秒,随后一方球员准备击球的静止画面持续 10 秒,学生需要在该 10 秒内决定击球一方的策略,之后屏幕显示图表,图表中包含三个区域选择,测试者需要在三个选项中选取最适合自己战术策略的一个区域,并解释原因。

最后是比赛能力测试,测试要求学生进行两次 6 分钟的单打比赛,收集 5 分钟的数据。测试前讲解最基本的比赛规则,如下手发球、单打线区域、对角发球以及只有得分方才可发球等基础规则。该测试主要采用视频回放分析,包含决策执行和技能运用两个要素,正确的决策被定义为能够使对手在其场区前后左右四个方向出现移动以及成功压缩对手的反应时,成功的技能执行被定义为球被击过网后落到单打区域之内,综合两个要素进行打分。

(二) 成效

通过以上评价方式,教师可以全面了解学生在羽毛球社团课程中的学习成效和整体水平。这一综合的评价体系将有助于学生提高技战术水平,培养体育精神和团队协作,同时提高身体健康和全面发展。评价标准将激发学生对羽毛球的兴趣,培养他们的自我反思和学习意愿,为未来的成功和健康生活作好充分准备。

(撰稿者:深圳市坪山区新合实验学校　张雨双　牛永鑫)

课程智慧 Ⅰ "智趣"数学

课程名称:"智趣"数学

适用年级:中学七年级

一 背景与理念

"智趣"数学课程在《义务教育数学课程标准(2022年版)》(以下简称"数学新课标")的指引下创立,数学新课标指出,数学课程要培养的学生核心素养,主要包括以下三个方面:会用数学的眼光观察现实世界,会用数学的思维思考现实世界,会用数学的语言表达现实世界。"智趣"数学课程深入贯彻数学新课标精神,本着培养学生的数学核心素养,引导学生更加热爱学习数学的教学理念,带领学生学习一堂堂常规课堂之外的数学知识,丰富学生的课外生活,激发学生对数学学习的兴趣,提高学生的数学应用能力,积极培养学生的实践能力和创新精神,努力促进学生掌握适应现代化生活所必备的基础知识、基本技能、基本思想和基本活动经验。在课程活动过程中,引导学生发现问题、提出问题、分析问题和解决问题,促进学生掌握数学核心素养。

二 价值与目标

"智趣"数学课程,顾名思义是"有趣有智"的数学课程。课程结构包括"兴趣加入""智商挑战"和"我的数学"。让对数学有浓厚兴趣,常学习课外数学知识、常思考生活中数学现象的学生,能结合"我心中的数学"来探究"有智有趣"的数学内容。通过"智趣"数学课程的学习,学生将对数学产生更浓厚的兴趣,拓宽数学眼光,提升数学思维,规范数学语言。"智趣"数学课程将逐步引导学生从数学的角度出发观察现实世界,从数学的角度出发思考生活中的各种现象和问题,从数学的角度出发来表达和解决问题。具体的课程目标主要包括以下三个方面:

首先，学生将用数学的眼光观察现实生活中的现象，不断思考，提出问题和发现问题。如对穿衣穿鞋、逛街旅游等吃穿住行的过程进行数学化思考，对新闻报道中的一些问题和现象进行数学化的思考与分析，强化用数学化眼光观察现实世界的意识。

其次，当问题被发现和提出时，学生运用数学相关知识进行分析和推理，或用数学统计表格进行数据统计，或建立数学模型，或进行理论和实践研究等。在这个过程中，学生的数学思维能力得到了极大的提升，数学表达能力得到了极大的锻炼，分析问题的角度也更加多元化。

最后，当学生对问题进行数学建模，或经过研究形成项目式课题和小论文，或经过实践手工制作作品后，需使用数学语言合理规范地表达出来。数学语言的表达是数字符号和图形的综合运用，需做到简洁、严谨和美观。数学语言可以是数字和符号表达，可以是图形和表格表达，也可以是代数的推理或几何推理。学生历经数学语言的规范化后，还需进行归纳总结或提出更深层次的问题，引发更深层次的思考。

总而言之，"智趣"数学课程围绕培养学生"三会"展开，从而贯彻落实数学新课标精神，培养学生的数学核心素养，体现育人价值。

三 框架和内容

（一）设计思路

课程主体分为数学史、数学文化、GeoGebra初步学习、数学创作研究和期末展示五个板块。其中第一、二个板块为教学目标的实现提供了理论文化基础，第三个板块则提供了主要的研究工具。经过前三个板块的学习，学生充分发挥自己的主观能动性，将输入转化为输出，在第四个板块以项目式课题研究、小论文、手工制造等形式获得创新成果，在课程中学有所得，并在第五个板块进行展示。

（二）教学安排

课程安排共计五个单元，13个课时，第一单元数学史，第二单元数学文化，第三单元GeoGebra初步学习，第四单元数学创作研究，第五单元期末展示，具体教学安排见表6-4。

表6-4 "智趣"数学课程内容安排与实施要求

单元	主题	课时	内容安排	实施要求
第一单元	数学史	4课时	数字与数的进步：了解数字的发展历史，如何一步一步从整数，扩展到非负整数，再扩展到分数，最后扩展到有理数。 关于π的故事：了解π的由来以及古人对π的计算方式。 第一次数学危机：了解$\sqrt{2}$的由来，了解数学危机的解决过程，进行个人的思考。 发展真正的数学：数学如何从生活中一步步抽象出来，发展成为一门真正的学科。	让学生了解数学史的发展，增强学生学习数学的兴趣。通过该模块的学习，让学生了解数学问题的研究过程与研究方法，为后续数学的相关探索和研究打下广泛的基础。
第二单元	数学文化	3课时	勾股定理：理解勾股定理的由来，了解勾股定理的趣话，学会利用勾股定理解决实际问题。 斐波那契数列：了解斐波那契数列的由来，了解斐波那契数列的应用，观察生活中的斐波那契数列。 黄金分割比例：了解黄金分割比例的由来，了解黄金分割比例的应用，观察生活中的黄金比例现象。	补充学生的基本知识，通过更多数学实际问题的研究介绍，增强学生学习数学的兴趣，帮助学生进一步理解数学研究方法。 教学过程中让学生提前查阅相关资料，对课堂内容进行一定程度的补充。 此单元课可适当增加内容。
第三单元	GeoGebra初步学习	2课时	学习GeoGebra的基本操作，学习用GeoGebra画出各种基本几何图形。利用GeoGebra对已学知识文化进行研究，并通过GeoGebra进行独立创作。	学生认真学习使用GeoGebra，教师做好指导。该部分教学内容可根据实际掌握情况延长或缩短，与创作研究的课时相平衡。
第四单元	数学创作研究	2课时	选题：从一系列课题中选择自己要完成的内容，收集相关的资料。可以是项目式课题，也可以是小论文研究或创意手工制作等。 教师对学生的创作研究进行一对一的指导，丰富完善课题研究内容。	教师需做好选题备选，并在课后做好学生的创作研究指导。 除了项目式课题研究外，学生也可选择完成创意手工制作或小论文，教师需做好相应的指导。

(续表)

单元	主题	课时	内容安排	实施要求
第五单元	期末展示	2课时	学生用PPT展示项目式课题或小论文研究成果。创意手工制作需展示成品并用PPT讲解制作初衷和过程。	展示项目式课题研究、小论文或创意手工制作作品等成果。

四 策略和方法

为了实现"智趣"数学课程目标,落实课程方案,需采用如下策略优化课程设计,提升课程效果。

(一)立足教材,适当拓展

从教材内容挖掘,通过对数学教材中出现的定理、公式等进行变换处理,加深学生对数学定义的理解,进而帮助学生加深知识理解、开拓创新思维、刺激新颖想法,引导学生不断发现和探索,用数学的眼光看待问题,培养学生的创新思维。

(二)深入文化,揭示价值

通过介绍数学史及经典数学问题,揭示隐含于历史进程中的数学文化价值,营造数学的文化意境,提高数学的文化品位,培养学生的民族自信心和责任感。

(三)源于生活,用于生活

从不同角度挖掘现实世界与所学知识间的联系,用数学知识解释生活中的现象,用数学知识解决生活中的问题,让学生感受到生活中处处充满数学。通过数学化研究生活中的问题,学生能够在解决问题的过程中提高对数学思想、方法的合理运用能力,数学核心素养不断得到提升。

五 评价和成效

(一)评价方式

在课程改革背景下,学生的知识、能力和素质评价指标与权重都在发生着改变。

本课程旨在培养学生将数学概念从"学术形态"向"教育形态"转化,让"冰冷的美丽"激发出"火热的思考",从而让学生发现数学之美,提高学生的数学素养,培养数学思维能力,促进数学学科的发展。因此,基于上述课程宗旨,该项目评价体系从这些目标出发,将其转化为具体的评价指标,从以下几个维度进行评价:学术成果、活动组织能力、团队协作精神等。评价可采用学生互评、教师参评及家长共评等多元化形式。

学术成果评价可以有效衡量学生数学核心素养是否有提高。可从数学竞赛成绩、数学作品质量、语言表达与思维技能四个方面进行展开,具体内容详见表6-5。

表6-5 学术成果评价表

评价项目	评价标准	评价结果			
		个人评	同学评	教师评	总评
数学竞赛成绩	1. 参加竞赛个数				
	2. 获得竞赛奖项				
数学作品质量	1. 研究的独创性				
	2. 论证的严密性				
	3. 语言的规范性				
语言表达	1. 口语表达能力				
	2. 书面表达能力				
思维技能	1. 研究能力				
	2. 实验技能				
	3. 数据分析能力				
小伙伴说:		老师说:		爸爸、妈妈说:	
我对自己说:						

注:评价结果分A、B、C、D四个等级,A表示好;B表示较好;C表示一般;D表示尚可。

活动组织能力可反映学生的综合实践水平,体现正确价值观、必备品格和关键能力的培养要求。可从情感态度、实践能力与成果展示三个方面展开,具体内容详见表6-6。

表6-6 活动组织能力评价表

评价项目	评价标准	评价结果			
		个人评	同学评	教师评	总评
情感态度	1. 参与活动				
	2. 提出活动的设想、建议				
	3. 克服困难和挫折				
实践能力	1. 会用多种方法搜集、处理信息				
	2. 动脑、动口、动手参与				
	3. 会与别人交往				
	4. 学习、研究方法多样				
成果展示	1. 活动过程记录				
	2. 演示、汇报				
	3. 成果有创意				
小伙伴说:		老师说:		爸爸、妈妈说:	
我对自己说:						

注:评价结果分A、B、C、D四个等级,A表示好;B表示较好;C表示一般;D表示尚可。

团队协作精神可反映学生的合作交流能力,展现学生的综合素养。可从合作交流、团队凝聚力、问题解决及任务完成四个方面展开,具体内容详见表6-7。

表6-7 团队协作精神评价表

评价项目	评价标准	评价结果			
		个人评	同学评	教师评	总评
合作交流	1. 帮助同学				
	2. 倾听同学的意见				
	3. 对社团和小组的学习有贡献				
团队凝聚力	1. 鼓励、激励同学面对困难				
	2. 调节小组氛围				
	3. 与组员愉快相处				
问题解决	1. 能听懂要求,处理相同类型的问题				
	2. 乐观、自信地面对困难				
	3. 提出创新想法				
任务完成	1. 小组任务合理分配协作				
	2. 按时、高质量完成自己的任务				
	3. 咨询组员的意见与提议				
小伙伴说:		老师说:		爸爸、妈妈说:	
我对自己说:					

注:评价结果分A、B、C、D四个等级,A表示好;B表示较好;C表示一般;D表示尚可。

(二) 成效

1. 学生观察生活、运用数学知识解决实际问题的能力得到提高。数学社团活动，让学生在活动中学习数学，在现实生活中应用数学，使学生感受到数学与现实生活的密切联系，提高了应用数学的意识和解决实际问题的能力。

2. 拓宽学生的知识面。"智趣"数学课程不但会拓展和延伸数学常规课堂上的知识，更会讲述一些常规课堂以外的相关知识。如数学与物理、数学与生物、数学与美术、数学与语文等学科融合的科普知识，这不仅丰富了数学学科知识，同时也加深了其他学科的文化功底，使学生的知识面得到了很大的拓展。

3. 丰富了学生的第二课堂。从素质教育的角度丰富了学生的课余生活，他们的生活不再局限于课堂上，也让他们体会到了学习的乐趣，学习更有自信心和积极性了。

4. 增加了实践的机会。在最后的期末展示中，学生可以展示项目式课题研究成果、小论文研究成果或创意手工制作作品。给很多同学动手动脑的机会，使他们认识到数学学习并不仅仅是"无聊"的计算，而更多的是"从实践中来，服务于实践"，使他们将头脑中的理论知识转化为各种可展现的成果，增强了自信心，培养了团队协作能力，激发了创新意识，提升了创新能力。

（课程设计者/撰稿者：深圳市坪山区新合实验学校　周子威　韦志鹏　王启辉　杨磊磊）

后 记

大规模因材施教,这一理念如同春风拂面,让教育的田野焕发出勃勃生机。它尊重每一个学生的独特之处,唤醒他们的学习热情,引导他们走向全面发展的人生道路。从策划到撰写,再到如今呈现在读者面前的这本书,它见证了我们团队在探索大规模因材施教道路上的艰辛与收获。

回首编写过程,每个章节都仿佛是一颗颗璀璨的明珠,串联起我们对教育的深刻领悟与实践智慧。从课程理念的探寻,到课程目标的设定;从课程框架的构建,到课程实施的具体举措,再到课程评价与治理的深入剖析,我们力求为读者展现一幅教育实践的瑰丽画卷。我们坚信,只有真正尊重每个学生的差异,为他们提供量身定制的教育,才能激发他们的学习热情,实现教育的公平与卓越。

书中,我们分享了一幕幕生动的教育场景。星彩主持人课程的舞台上,孩子们用声音传递情感,用语言描绘梦想;皮影工坊中,他们巧手绘制,让传统艺术焕发新生;心灵奇旅社里,孩子们在心灵的交流中找寻成长的力量;中华礼仪的课堂上,他们学习传统,塑造品格。这些课程不仅拓宽了孩子们的学习视野,更在潜移默化中塑造了他们的精神风貌。

然而,教育之路并非坦途。在探索大规模因材施教的道路上,我们遇到了诸多挑战与困惑。但正是这些磨砺,让我们更加坚定信念,深知教育是一项需要不断追求与超越的事业。我们期待这本书能够点燃更多教育工作者和家长对教育的思考和探索,共同推动教育的进步与发展。

在此,向所有参与这本书编写和出版的工作人员表示衷心的感谢。你们的智慧与汗水,让这本书得以熠熠生辉。

愿这本书能成为能够成为教育工作者和家长们的良师益友,为大家的教育实践提供智慧的启迪与指引。在未来的日子里,让我们继续携手前行,共同探索大规模因材施教的奥秘,为更多孩子的成长与发展贡献我们的力量。让我们在教育的道路上,共同书写更加绚烂多彩的篇章,让每一个孩子都能在阳光下茁壮成长,绽放属于自己的光芒。